商売心得帖

松下幸之助

PHP文庫

JN275552

○本表紙図柄＝ロゼッタ・ストーン（大英博物館蔵）
○本表紙デザイン＋紋章＝上田晃郷

まえがき

　これまで、私が松下電器の経営にあたってきた中で、商売の心得として、その時々に話し、また書いてきたものがいろいろあります。それらをまとめたものがほしいというお声を最近ずいぶんいただくようになりました。そこでそのいくつかを選んでみました。このようにまとめて見直してみますと、結局、商売には、つぎのような基本姿勢が大切だと思いました。

　つまり、仏教徒の方々の生活態度は、朝に礼拝、夕べに感謝といいますが、われわれ日々仕事に携わる者も、朝に発意、昼は実行、そして夕べに反省、こういう日々をくり返したいということです。同様に、毎月、毎年の初めに発意、終わりは反省。そして五年たったら、その五年分を反省する。そうすると五年間に実行してきたことのうち、よかったこと、よくなかったことがある程度分かってくると思います。

私自身の経験では、おおむね過ちないと思っていても、五年後改めて考えてみれば、半分は成功だったが、半分はしなくてもいいこと、失敗だった、ともいえるように思うのです。そのように反省しつつ歩むならば、つぎの歩みを過ち少なく進めることもできるわけです。

要するに商売というものは、この発意、実行、反省が大事なことであり、私自身も、こういう基本姿勢をさらに重要視していかねばと、改めて痛感している次第です。と同時に、この本が多少なりとも、皆様のご参考になればまことに幸せです。

松下幸之助

昭和四十八年一月十日

商売心得帖

目次

まえがき

第一章　商売の心得いろいろ

世間は正しい　14
対立と協調と　17
どれほど喜ばれているか　21
販売に成功するためには　24
笑顔の景品を　28
自分の店の力を判定しつつ　32
声をかけるというサービス　36
魂を入れた値段であれば　40

商売冥利　44
自分一人の商売ではない　48
総合病院と町のお医者さん　52
新しい時代の値段　56
お得意を広げる　60
よしみを通じる　63
お得意先はわが親戚　66
お得意先の仕入係になる　70
業界の安定は共同の責任　74
二十人の小僧さんの顔　77
商品を大切に　81
まずサービスから　85

名君と忠臣　89
お得意先と仕入先のことが気になって　92
お得意先のありがたさ　96
呼びかける　99
商品を発意する　103
不景気だからこそ　107
街の品位を高める　110
利は元にあり　113
集金と支払いについていつも敏感に　117
夫婦の仲がよければ　121
絶対安心の境地　127
明朗公正な競争を　131

第二章　人事の心得いろいろ

人を集める第一歩は　136
長所を見つつ　140
人を育てるには　144
好きこそものの上手なれ　148
一人の責任　152
人づくりは〝打つ〟ことから　156
頼もしく思って人を使う　160
衆知を生かすために　164
部下の提案を喜ぶ　168

経営者の心根　172
ある問屋さんの立腹　176

補章　古今の家訓・店訓・社訓いろいろ

あとがき

カット　長縄士郎

第一章

商売の心得いろいろ

世間は正しい

日々の商売を力強く進めていくためにも大事なことの一つは、いわゆる世間というものを信頼することだと思います。世間とはいったいどういうものであるかということについては、人によっていろいろの見方がありましょうが、私は、それは基本的にいって、いつも正しいものであり、世間の見るところは常に健全だと考えています。もし、世間の目が誤っているということであれば、たとえ自分がいかに正しいことをしていても、受け入れてもらえないかもしれません。それでは商売を進めていくについていろいろと不安が生まれてくるでしょうし、思い切って商売に打ちこむということもできなくなってきます。

しかし、ありがたいことに、世の中というものは、こちらが間違ったこと、見当はずれのことをやらないかぎり、必ず受け入れ、支持してくださるものだといえましょう。このことは、私自身、これまでのさまざまな体験を通じて、身にしみて味わってきました。だから正しいことさえしていれば、ということで、基本的には安心しています。

つまり〝正しい仕事をしておれば悩みは起こらない。悩みがあれば自分のやり方を変えればよい。世間の見方は正しいのだ。だからこの正しい世間とともに懸命に仕事をしていこう〟と考えているわけです。

そこにおのずと力強さというものが加わってくるような気がするの

です。

もちろん個々の場合について見れば誤った判断、誤った処遇をされることがあると思います。いい考えをもち、真剣な努力を重ねても、なかなかこれが世間に認められないときもありましょう。しかし、長い目で見れば、やはり世間は正しく、信頼を寄せるべきものだと考えていいと思います。そう考えるところに、大きな安心感が生まれ、いたずらに動揺することなく日々の商売に力いっぱい打ちこんでいけるのではないかと思うのです。

これは規模の大小を問わず商売を営む場合、すべてに共通していえることだと思いますが、いかがでしょうか。

対立と協調と

お互い商売を進めていく上で、競争するということが非常に大事なのはいうまでもありません。それぞれのお店がそれぞれに競争相手をもち、互いに負けまいとして創意工夫を凝らし、真剣な努力を重ねるならば、そこから自他双方に、よりよい成果がより効果的に生まれてくると思います。つまり、競争が、双方の成長の原動力となり、進歩発展の基《もとい》になると思うのです。

ただそのためには、その競争があくまでも正しい意味の競争でなければなりません。公正な精神のもとに、秩序を重んじてなされるものでなければならないと思います。さもなければ、その競争はいわゆる過当競争になってしまって、成長、進歩をうながすどころか、かえって業界に大きな混乱を生み出すことになりましょう。すなわち、お互いが日々行う競争というものは、戦争のように相手を倒すためのものではなく、共存共栄のための競争というか、ともに成長し発展していくためのものでなければならないと思うのです。

このことはいいかえれば、お互い常に対立しつつも、それと同時に調和、協調の精神を忘れてはならないということだと思います。対立し、相争うばかりで、調和、協調することがなければ、その競争は破壊に通じることになりましょう。お互いが力に任せて対立に火花を散らしてばかりいたならば、共存共栄はもちろん実現できませんし、ト手をすると共倒れということにもなりかねません。結局においては、業界全体がまったく疲弊してしまうことになり、ひいては、お客様にもたいへんなご不便、ご迷惑をおかけすることにもなりましょう。

したがって、お互い、日々の進歩、発展のため、適正な競争は徹底してやるけれども、絶対にそれが過当なもの、行きすぎたものにならないように心がけねばなりません。お互いの良識を高めて、常に対立しつつも協調するという姿を生み出していかなければならないと思います。

そしてそれぞれの人が商売人としての適性を備え、正しい意味の努力をしているかぎり、お店の規模の大小にかかわらず、ともに栄えていくことができるような環境を常に保持していくことこそ肝要だと思うのです。そういうお互いの態度、行動こそが、国家国民全体の真の共存共栄の基礎だと私は信じています。

どれほど喜ばれているか

日々の商売を進めていく上で大事なことはいろいろありますが、その一つとしてつぎのようなことがあげられると思います。それは、今営んでいる自分の店ははたしてどれぐらいお得意先のお役に立っているか、どれほど喜ばれ感謝されているかということを、いろいろの角度から絶えず検討し、自問自答してみるということです。

たとえば、もしかりに自分が店をたたんでしまった場合、お得意さんが〝惜しい店がやめたな〟と残念がってくださるかどうか、それだけの商売を自分が今しているかどうかといったことを反省、検討してみてはどうでしょう。そのような検討を絶えずくり返しつつ商売を営んでいくならば、そこから、〝自分のやり方にはまだまだ配慮が足りなかった。お得意先に対してはこういうこともしておかなければならなかった〟ということが随所に次々と出てくるのではないでしょうか。

陳列の仕方を変えるということ一つを考えてみましても、お客さんの目をひきつけて、商品を少しでも多く売るためにやるのだというのも一つの考え方でありましょう。しかし、せっかく来てくださったお客さんに好感をもっていただこう、楽しんでいただこうというところから出発していろいろ工夫してみるほうが、よりすぐれた、よりお得意さんに喜んでいただける陳列の仕方が生まれてきて、結局は成果もあがることになると思います。

お互いそれぞれに、そういうお得意大事の心に徹して、自己反省、検討を絶えず加えていくならば、そこから自分の店が存在する意義というものについての確信が生まれてくると思います。そうなれば、商売にもおのずと力強いものが湧《わ》き出てくるし、尽きざる創意工夫も生まれてきて、求めずしてお店の繁栄が達せられるということにもなるのではないでしょうか。

もちろんこうしたことは、商売を営む上においては当然のことではありますが、しかし、それが当然のことであるだけに、一面、ともすれば忘れがちになるという気もいたします。その意味で、お互い改めて二省、三省してみたいと思うのです。

販売に成功するためには

経営を進めていく上で、最も困難があろうと思われるのは、販売ということではないでしょうか。製造には、新しい発見や発明が考えられます。しかし販売には、とりわけ妙案の生まれることはまずないといっていいでしょう。各お店の販売方策のいずれをとってみても、いわゆる名案奇策と思われるものはほとんど見られません。しかも、他と相似た方策を立てながら、いっそう販売の拡充に成功しなければならないのです。

皆さんはワイシャツ一枚を買うのにも、だいたいにおいて、買いつけの店が心にあると思うのです。とりたてて理屈はないのですが、そのことには立派な裏づけがあります。つまり、客である自分に満足を与えてくれているという感じが、好みの店を決めているのです。

そういうことを考えてみますと、販売というものを成功させるためには、いかにすればお得意様に喜んでいただけ、どういう接し方をすればご満足願えるか、ということを考えることが何よりも大切だと思います。ですから、妙案奇策のあまりない販売の世界の中で特色を発揮するために、何が基本になるかというと、結局はお互いの誠心誠意です。そして話す言葉ににじみ出る気持ちが、何よりも大切だと思うのです。

落語家の噺《はなし》は、聞いていると面白いのですが、その台本を読んでみると、聞くときの面白味は少しも味わえません。販売にあたるのも同様であろうと思います。いかに立派な筋書きを与えられていても、それを味よく先方にお届けできるかどうかは、販売にあたる人がそれだけの訓練をみずから培うかどうかにかかっているのです。筋書きのちょっとした生かし方にも興味をもって研究すれば、それに成功するでしょう。

そしてその根底となるものが、誠心誠意だと思います。それが根底にあってこそ深い味わいも出てくるのです。誠心誠意がなければ、どんなに立派な筋書きでも、それは実を結ばないアダ花となってしまいます。

どこの会社、商店でも販売に対する基本方針がありましょうが、それはいわば筋書きであって、それを生かした味は百人百様の現われ方をします。その味は、販売にあたる人の仕事に対する熱心さ、仕事に対する努力から生まれてきます。すなわち、そういう販売の技術ともいうべきものをみずから培い、備えている人によい筋書きを与えれば、まさに鬼に金棒となり、販売に成功すること間違いないと思うのです。

笑顔の景品を

最近は、競争がなかなか激しいこともあって、個々のお店なり商店街が、それぞれいろいろと工夫を凝らし、販売を進めています。いわゆる景品つき販売というもののもその一つで、多くのお店、商店街が少しでも多くお客さんの関心をひくものをということで、いろいろ知恵をしぼっています。その結果、はなはだしい場合は外国への招待旅行といった景品まで出ているようです。

私は、こうした景品つき販売というものは、お客さんに喜ばれることでもあるし、また商売の促進に結びつくことであれば、大いに意義のあることだとも思います。

ところで、お客さんにおつけする景品のうちで、何にもまして重要なものは何かということになったら、皆さんはどんな景品をあげられるでしょうか。

考え方はいろいろありましょうが、私はそれは、親切な〝笑顔〟ではないかと思います。もちろん、ハワイ旅行というような景品も結構には違いありませんが、いつもご愛顧いただいているお客さんに対して、感謝の気持ちにあふれた〝笑顔〟の景品を日ごろからおつけしていれば、あえてハワイ旅行というようなことをせずとも、お客さんはきっと満足してくださるのではないかと思います。

また逆に、そういう景品がなければ、たとえ外国旅行に招待したとしても、お客さんとのつながりは一時的なものに終わってしまうのではないでしょうか。

したがって、かりに私どもが、他のお店がただ売らんがために高額の景品をつけているからということで、その表面の姿に惑わされ、自分のところも同じような景品をつけなければならないと考えるならば、それは決して好ましいことではないと思います。結局そこからは過当競争しか生まれないでしょう。

〝あのお店はあんな、いわば常識はずれの景品をつけているが、自分のところは親切な笑顔のサービスに徹しよう〟というように、いわば〝徳をもって報いる〟方策で臨んでこそ、お客さんに心から喜んでいただけ、お店のよきファンにもなっていただけるのではないでしょうか。考え方はいろいろありましょうが、私はそう信じています。

自分の店の力を判定しつつ

お互い人間というものは、自分自身に対する評価を誤っていると、してはならないことをし、しなければならないことをしないと思うのです。そこから世の中の乱れも起こってきかねないと思います。社会に対するお互いの義務は何かというと、まず第一は、みずからを判定すること、みずからの価値というか、自分自身を正しく認識することではないかと思うのです。

これは非常に大事なことです。これは会社の経営にいたしましても、商店の経営にいたしましても同じことです。商店の主人公が、自分の店の価値というものを正しく判断しない場合は、おおむね失敗します。隣の家が店を改造した、たくさんの人をおいた、だからおれのところもやってやろうと、こういうように考える場合もありましょうが、しかしそれだけでは失敗する場合が多いと思うのです。

それよりも、隣の店はそういうことをやっていい店である、しかし自分の店はそういうようにやってはいけない、自分の店としてはそういうことをやらないで、むしろこういうふうにやったらいいだろう、というように、自分の店に適した商店の経営法というものを、みずからキャッチしなければならないと思うのです。自分の店の力というものをはっきり判定し、それをしっかりキャッチして、その上で商売に処していくということが、きわめて大事なことであり、またそこに個人としての責任というものがあろうかと思うのです。あの人がやったから自分もこうしよう、というのではおおむね失敗することが多いのではないでしょうか。

最近は、ある商売がちょっと儲《もう》かったら、われもわれもとその商売をするようになり、その結果、過当競争が起こってきて、お互いに倒れていくことが多いということです。これはみずからの力を判定しないで、他人の花は赤いといって、それに引っ張られていくようなもので、これではお互いに困るわけです。だから自分自身に対する評価、判定というものは非常に尊いものであるし、そこにまた個人の責任というものを見出したいと思うのです。

会社などの経営にいたしましても、自分の会社の力というか、そういうものを判定して、その判定に応じた経営を進めていくところに、会社も無事に発展していくでしょうし、また会社としても分に応じて社会に貢献することができるようになってくると思うのです。

声をかけるというサービス

商売をしているかぎり、いつの時代でもサービスということが大事ですが、特にこれからは専門家でないと分からないという製品も出てきますから、いっそうサービスが大事になってくると思うのです。

実際、よく発展されるお店では、売ることについてはもちろんですが、それ以上にサービスということに心を配っておられる。特に不足や故障のないときのサービスということが大事です。

だんだん暑くなってきて、扇風機がそろそろいるようになる。そんなとき、ちょっと立ち寄って、「去年の扇風機の調子はどうですか」と声をかける。また「お納めした品物の具合はどうでしょう」ときいてみる。

まあいわば〝声のサービス〟です。

これはまったくの奉仕です。それによって、すぐにどうこうというものではないでしょうが、ご需要家にしてみたらどんなにうれしく、また頼りに思われることでしょう。こういうところに、商売をする者の真の喜びを感じ、また尊さというものを自覚しなければならないと思うのです。

しかし、いざ実行ということこれはなかなかむずかしい。とおりいっぺんの心がけだけでは、なかなかできるものではありません。

お店のご主人は、みずからこれを強く自覚するとともに、お店の人人にも、常住坐臥《ざが》、何度も何度もこのことを訴えていかなければならないと思います。多数の店員さんの場合はもちろんのこと、たとえ一人の店員さんの場合でも、訴え、要望し、実行していかなければならないと思うのです。

そうしていくことによって、そのお店は必ず繁栄すると思います。第一、こういう心がけのお店では、商品をお納めしたとき、その取り扱いの説明も懇切にされるでしょうし、また故障する前に手入れも行き届く。そこでお客さんの苦情も少なくなり、喜ばれる。

もちろんこうしたサービスは、販売店さんだけでなく、問屋さんやメーカーも加わって、三者がガッチリ協力してやらねばならないと思いますが、何といっても直接ご需要家に接しておられる第一線の販売店さんの役割というものは、非常に大事だと思うのです。

魂を入れた値段であれば

先般、私どもの製品を販売していただいているお店の方と話をしたのですが、こういうことを言われるのです。「自分の店もおたくの製品を販売しているが、他の店でも販売している。だから他の店で一万円であれば、自分の方も一万円で売らなくてはならないということになる。そうなると、やはり安く売るところに律せられて値段を下げざるを得ない」

私はそれを聞いて、一面もっともだという感じがしました。しかし、私は、そこがいちばん大事なところではないかという話をしたのです。

つまり、価格というものは、サービスとか配達とかいろいろな便宜だとか、そういうものを総合した価値判断によって決めるべきで、よそがいくらだからうちはいくらというようなことではほんとうの商売はできないと思うがどうですか、ということをお話ししたのです。そうすると、「それでもよそが安くするのに……」というようなことを言われる。

それで私は、「そうすると、あなたのお店は、魂はタダですか」と言ったのです。「私であれば、よそで一万円のものを、場合によっては一万五百円で売ることに決めます。するとお客さんが『なぜよそより高いのか』ときかれる。そのときに、『同じ製品ですが、私の方はお添え物があるのです』『何を添えてくれるのですか』『私どもの魂を添えるのです』と申しあげたらいいと思うのです。そのように、あなたのお店の魂をプラスして価格を決定することが必要だと思いますが、いかがでしょうか」

そうすると、「なるほど、そこまでは考えていなかった」というわけです。

「私は、価格で競争するということが第一になっていました。が、いまお話を伺って、なるほど自分の店の総合した魂というか奉仕、そういうものが価格に計算されなくてはならない、それを無料にすることはできない、それを加算したものが価格なのだということが、よく分かりました。

つまり、いかなる商品であっても、私の店のものは私の方で値段を適当に決めるのだ、それは安売りをしているところよりも高いという場合もある。その、高いという場合には、自分の魂料が入っている、店の信用保証料が入っている。だから、何かのときに私の方は責任をもちますよ、ということを堂々と主張できるような商売でなくてはならないということですね」

と、非常に共鳴して、その後、力強く商売にあたって顧客にも喜ばれつつ成果をあげておられます。

商売冥利

商売を始めてまもないころ、ある先輩の方から、こんな話を聞きました。

ある町に立派なお菓子屋さんがありました。そこに、ある日一人の乞食が、まんじゅうを一個買いに来たのです。しかし、そういったいわばご大家ともいわれるそのお菓子屋さんに、たとえ一個にしろ乞食がまんじゅうを買いに来るというのは、これは珍しいことだったのです。

それで、そのお店の小僧さんは、まんじゅうを一個包んだのですが、なにぶん相手が相手だけに、ちょっと渡すのを躊躇《ちゅうちょ》しました。

すると、そこのお店のご主人が声をかけたのです。

「ちょいとお待ち、それは私がお渡ししよう」

そう言って、そのまんじゅうの包みを自分で乞食に渡し、代金を受け取ると、「まことにありがとうございます」と言って深々と頭を下げたのです。

乞食が出ていったあとで、その小僧さんは不思議そうに尋ねました。

「これまでどんなお客様がみえても、ご主人がご自分でわざわざお渡しになったことはなかったように思います。いつも私どもか番頭さんがお渡ししておりました。きょうはどうしてご主人ご自身があんな乞食にお渡しになったのですか」

そうすると、ご主人はこう答えたのです。

「おまえが不思議に思うのももっともだが、よう覚えておきや。これが商売冥利《みょうり》というものなのだ。なるほど、いつもうちの店をごひいきにしてくださるお客様は確かにありがたい、大切にせねばならん。しかし、きょうの人の場合はまた違う」

「どう違うのですか」

「いつものお客様はみなお金のある立派な人や。だからうちの店に来られても不思議はない。だがあの人は、いっぺんこのうちのまんじゅうを食うてみたいということで、自分が持っている一銭か二銭のいわばなけなしの全財産をはたいて買うてくださった。こんなありがたいことはないではないか。そのお客様に対しては、主人の私みずからこれをさしあげるのが当然だ。それが商売人の道というものだよ」

これだけの話ですが、何十年かたった今でも、はっきり頭の中に残っています。そして、このようなところに商売人としての感激を味わうのが、ほんとうの姿ではないかという気がしているのです。

自分一人の商売ではない

自分の商売は自分のもので、だからすべて自分一人の力でやっていけるように思いがちですが、実はこれはとんでもない錯覚です。つまり、自分のものであって、ほんとうは自分のものでないというところに、商売の一つの真実があるような気がするのです。お得意様があればこそ、仕入先があればこそ、ということは一応だれしも考えるから、これになんとか報いようとする。それはそれで結構です。

しかし、まだまだほかに、考えねばならないことがたくさんあるようです。

たとえば、道路一つをとってみても、かりにこれがなかったとしたらどうします。毎日毎日いやというほど公共の道路を使っていますけれど、この道路がなかったら商売はたちまちお手上げです。そうすれば、別にありがたいと思わず使っている道路にも、ほんとうは報いなければならない。どうすれば報いられるか。それはつまり、われわれが税金を納めて、その税金で保全改良をはかるほかないわけです。そして、その税金を納めるためには、お互いに利潤をあげねばいけないということになるのです。みんなが利潤をあげず、したがって税金も納めず、しかも道路はてんでに使いっぱなしになったら、道路はたちまち荒廃して、結局みんなが困ってしまいます。

道路だけではありません。ほかにもお互いに公共の施設や機関をずいぶん利用しています。また警察、消防などの治安の面でいろいろと国家公共の保護を受けています。これらの保護、助けあればこその商売と思えば、やっぱり懸命に利潤をあげて税金を納め、これに報いなければなりません。

ここに思いをいたせば、お互いに商売をしているかぎり、ムダを省き能率を高めつつ、適正な利潤をあげるということは、これは国民としての一つの尊い義務でもあり、責任でもあるわけです。電話をかけるのでも、五回のところを三回ですます方法はないかと工夫して三回に減らす。また商売上知らず識らずに生ずるムダや浪費を省くことに努める。そういうように工夫して経費を少なくし、利潤というものをあげるよう努力していかなければならないのです。このことを自分も正しく自覚し、またお客様にもご理解願って、適正な利潤を承認していただかねばならないと思うのです。商売は結局お互いのためなのです。これは非常に大事なことだと思うのですが、いかがでしょうか。

総合病院と町のお医者さん

世の中の進歩につれて、どんな分野でも専門細分化ということが行われるようになってきました。医学などもその一つの例で、今日ではいろんな分野に分かれ、それに伴って、そうしたものを網羅し、高度の器具、施設を備え、たくさんの病床をもった大きないわゆる総合病院が多くなってきました。けれども、そうした総合病院だけでこと足りるかというと、決してそうではありません。その何十倍という数の町のお医者さんがあって、それぞれに多くの患者さんを診ているわけです。精密な検査がいるとか、大きな手術だとか、長期の療養を要するとか、そういう場合には総合病院に行くけれども、日常のちょっとした病気やケガは近所のお医者さんに診てもらう。いわゆるかかりつけのお医者さんで、一人ひとりの患者の体のことをよく知っているし、場合によっては往診もしてもらえるわけです。また、そういうお医者さんは、日ごろから健康のことについて忠言してくれますし、健康以外のことでも相談役になってくれます。いわば家庭のよろず相談役というわけです。そのように、町のお医者さんは、総合病院ではできない大きな役割をしてくれると思うのです。

そのように総合病院と町のお医者さんとが両方あり、それぞれの役割を果たしているから、社会全体としての医療がスムーズにいっているわけです。

こういう姿は、何も医療の場合だけでなく、お互いの商売についてもいえることではないかと思います。たとえていえば、百貨店だとかスーパーマーケットといった、そこへ行けばいろんな商品がそろっているというところは、これはいわば総合病院、それに対して、個々の商店は町のお医者さんということになりましょう。

そのように考えてみれば、お客様の立場としては、どちらにしてもそれぞれのよさがあって、両方ともなくてはならないものだということになります。百貨店やスーパーに行けば、いろんなものが一度に買えて便利である。一方、近所のお店は、何といっても近いし、気心も知れていてこちらの好みも分かっている。それに、場合によってはお店がしまってからでも頼めば届けてもくれる、ということになります。だから、そういう商店としては、そのようなお店の役割を十分考えて、お客様とほんとうに密接に結びついた、お客様に喜ばれる血のかよったサービスをしていくことが何よりも大切ということになるでしょう。

そして、こういう商店の役割を大切にするということは、社会全体として、いわゆる流通問題を考えていく上でも大事だと思うのですが、いかがでしょうか。

新しい時代の値段

商売の仕方にもいろいろありますが、いわゆるかけひきをもってお客さんに相対するということも、昔からある方法の一つだと思います。たとえば、お客さんからある商品の値引きを要求されたとき、適当にかけひきしてお客さんにはこちらが損をしたように思わせながら実は儲けるといった商売をすることも、一面少なくないと思うのです。しかし考えてみますと、これは、徳川時代ならいざ知らず、今日ではいささか時代遅れの好ましくない考え方というべきではないでしょうか。

やはり今日では、商人は自分の信念なり事業観にもとづいて適正利潤というものを確保し、顧客を大事にしつつ商人としての社会的責任を果たしていくことが肝要で、それが社会共通の繁栄に結びつく望ましい姿だと思います。そして、そうした望ましい商売をしていくためには、適当にかけひきをして値段をまけるというのではなく、最初から十分勉強した適正な値段をつけて、それは値切られてもまけない、逆にお客さんを説得し、納得していただくというようなことでなければいけないと思うのです。

その方法で成功している最も顕著な例が百貨店だと思います。今日、百貨店で値を引いてくれと言う人はありません。しかし、もし百貨店が、一つひとつの商品についていちいち値引き交渉に応じるというような商売をしたとすればどうでしょうか。非常な手間と時間がかかって、店員を現在の三倍も必要とするかもしれない。それでは経費が高くついて、結局商品を高く売らないと採算がとれないというようなことになりましょう。つまり、今日の百貨店は、商品を適正価格というか、いわゆる定価で売るということによって、その生産性を高め、真にお客さんのためになる商売をすることができているというわけです。

これは百貨店だけでなくスーパーでも同じことで、一つひとつの商品について、いちいち店頭でかけひきが行われたら、お客さんも安心して買い物ができませんし、スーパーも人手や経費が何倍もかかって、たちまち成り立たなくなってしまいます。

一般の商店の場合も同じことで、こうした姿が全国的に行われたら、お互いの活動がどんなに能率的になることでしょうか。ですから〝あの店にはかけひきはない。しかし、値を引いた以上に価値あるサービスを長年にわたってしてくれるし、非常に親切だ〟というような評判をお客さんからいただくような商売をしていくことが大事だと思います。それが今日にふさわしい合理的な商売の仕方であり、そうした商売を力強く行なってこそ、お客さんに真の奉仕もでき、お店自体の繁栄もはかれるのではないでしょうか。

お得意を広げる

お得意を広げたい、今百軒あるお得意先を百十軒に増やしたいということは、商売をしているかぎりだれもが望むことでありましょう。

しかし、ひと口にお得意を広げるといっても、それは決してたやすいことではありません。そのためには、やはり日ごろからいろいろな方策を考え、それを力強く実施していく努力を重ねなければならないのはいうまでもないでしょう。

ただ、その一方では、日ごろ一生懸命商売に打ちこんでいれば、お得意先が求めずしてひとりでに増えるということもあり得ると思います。

というのは、自分の店のお得意さんが、特に頼まなくても、みずから他のお客さんをみつけて連れてきてくださるということも、考えられるのではないかということです。たとえば、いつもごひいきいただいているお得意さんの一人が、その友人につぎのように話されたとしたらどうでしょうか。

「自分はいつもあの店で買うのだが、非常に親切で感じがいい。またサービスも行き届いているので感心している」それがその人の実感から出たものであれば友人は、「君がそう言うのなら間違いないだろう。ぼくもその店へ行ってみよう」ということになりましょう。その結果、お店を訪ねてくださる。商売をしている方としては、みずから求めずして、ひとりでにお得意さんを一人増やす道がひらけるということになるわけです。

そうしたことを考えてみますと、日ごろ商売をしていく上で、お得意さんを増やす努力を重ねることはもちろん大切ですが、現在のお得意さんを大事に守っていくということも、それに劣らず大切だということになると思います。

つまり、極端にいえば、一軒のお得意を守りぬくことは百軒のお得意を増やすことになるのだ、また逆に、一軒のお得意を失うことは、百軒のお得意を失うことになるのだ、というような気持ちで、商売に取り組んでいくことが肝要だと思います。

よしみを通じる

お店にお客様がみえたとします。これこれの品物がほしいのだが、といわれる。ところがあいにくなことにその品物の在庫がない。そういうときに、どう返事をするか。

「どうもすみません。切らしております」だけではいかにもあいそがない。「今切らしておりますが、すぐ問屋さんに注文して、あすには必ず取り寄せます」と言えば、お客様も多少は得心されるでしょう。

しかし、なかにはこういう方もおられると思います。「うちにはありませんが、どこそこのお店にはあるかもしれません」と言って近くのお店を紹介する。あるいは電話をかけて尋ねてみるということです。そのようにすればお客様も喜ばれ、〝親切なお店だな〟という感じをもたれると思います。品物を切らしたことが、かえってお店の信用を高める結果になり得るわけです。

しかし、これは相手のお店と仲が悪くては、やりたくてもちょっとできにくい。やはり、日ごろから近所の同業者どうし仲よくしておくというか、いわゆる〝よしみ〟を通じておくことが大事だということではないでしょうか。

最近はたいへん競争が激しくなってきました。だから、同業者どうし、ともすればお互いを競争相手としてばかり考えるということも起こってくると思います。もちろん競争意識をもつということは必要でしょう。しかし、考えてみれば、だれも相争うために商売をしているわけではありません。だから一方で適正な競争をしつつも、同じ道に携わるお店どうし、お互いによしみを通じていくことが大切になってくると思うのです。

近所に新しく同業のお店ができたからといって、目にカドをたてるのでなく、おおらかに迎える。新しいお店の方も、先輩に対し謙虚な気持ちでいわば〝仁義〟をきる。そういう好もしい姿は、お客様のお店全体に対する信用を高めることになるでしょう。だから、同業者とよしみを通じていく心は、お客様を大事にする心であり、お店の繁栄に結びつく心だと思うのですが、いかがでしょうか。

お得意先はわが親戚

結婚シーズンともなれば、かわいいわが娘を嫁がせなければならない親御さんも少なくないことでしょう。とにかくすこやかに、幸せに育ってほしいと念じつつ、一心に手塩にかけてきたわが娘、その娘が立派に成人していま新しく自立の道への第一歩を踏み出す。そんな娘を眺めるとき、両親の胸のうちには、娘を手放す寂しさ、末長い幸せを祈る気持ち、縁あって新しい親戚《しんせき》を得た喜びなど、万感迫る思いとでもいったものが去来しているにちがいありません。

そして、嫁がせたあとは、今度はその嫁ぎ先のことがいろいろと気になります。〝婚家のご家族に気に入られているだろうか〟〝元気に励んでいるだろうか〟といったことがいつまでも案じられる。それが世の親の常というものでしょう。

私どもの商売についても、これと同じことがいえるのではないでしょうか。つまり、私どもが日々扱っている商品は、いうなれば長く手塩にかけたわが娘のようなものと考えられます。

だから、商品をお客様にお買いいただくということは、自分の娘を嫁にやるのと同じことで、そのお得意先と自分の店とは、新しく親戚になったことになる。かわいい娘の嫁ぎ先がお得意様であるということになると思うのです。

そう考えますすと、そのお得意先のこと、またお納めした商品の具合などが、おのずと気にかかってくるのではないでしょうか。

〝ご家族の方が気に入って使ってくださっているだろうか〟とか、〝故障していないだろうか〟とか、さらには〝近くまで来たついでに、ちょっとお寄りして様子を伺ってみよう〟というように、自分の娘の嫁ぎ先に対すると同じような感情が、自然に湧き出てくるといえましょう。

そういう思いで日々商売に取り組んでいくならば、お客様とのつながりにも、単なる商売を超えた、より深い信頼関係というものが生まれてきます。そうなればお客様にも喜ばれ、ひいてはそれがお店の繁栄にもつながってくると思うのです。

お互い、商品を自分の娘と考え、そこからお得意先をわが親戚、身内と感ずるまでの思いに立って、毎日の商売を営んでいるかどうか、改めて考え直してみたいものです。

お得意先の仕入係になる

商売をするには、自分の扱う商品を十分吟味し、自信をもって販売することが大事であることはいうまでもないでしょう。

ただその際の心がけとして、単に商品を吟味するというのではなく、買う人の身になってというか、いわばお得意先の仕入係になったつもりでこれを吟味することが大事だと思います。

仕入係というものは、必要に応じて品物を購入するのが仕事です。それも品質はどうか、値段はどうか、量はどれぐらいか、いつ仕入れたらよいか、というようなことを一つひとつ検討しながら、なるべく、その会社や商店の益になるようにもっていくところに、仕入係の役目があるわけです。

だから、自分はお得意先の仕入係だと考えれば、お得意先は今何を必要とされているか、どういう程度のものをどれほど欲しておられるかということを察知しつつ、そういう目で商品を吟味して、お得意様の意にかなうようにお勧めしなければなりません。ちょうど奥さんが、晩のオカズを買いに来て魚屋さんの店先であれこれ物色しているうちに、魚屋の主人が、その奥さんの要望を察しつつ、「奥さん、これはどうです。この魚は今が食べごろ、値段も手ごろ、ご主人にもきっと喜ばれますよ」という具合に相手の好みにピタッと相応ずる品を選んで勧めれば、いっぺんに決まってしまう。奥さんも気持ちよく買い物ができるし、店も繁盛するというわけです。

魚屋さんに限らず、ほかのお店も、これは同じことではないでしょうか。

ただ仕入係というものは、仕事に忠実なあまり、ただ安ければいいということで、得てして品物を何でも値切って安く購入しようとしがちです。これは人情として一面やむを得ませんが、しかし私は、それは必ずしもよくないと思っています。というのは、商売というものは、ほんとうは売る方も買う方も双方が喜び、双方が適正な利益を交換するというかたちでやらないと、長続きしませんし、それは結局はお互いのためにならないと思うからです。だからお得意先の仕入係としては、一方ではそういう正しい商売道に立ちつつ、お得意先の身になって商品を吟味することが大事だと思うのです。

業界の安定は共同の責任

どんな商売でもそうでしょうが、お互いのお店が力強く発展、繁栄していくためには、そのお店の属している業界全体が常に健全で、世間の人々から信用されているということが大事だと思います。「あの業界は信頼できる業界だ。どこの店へ行っても、よい品を適正な値段で売っているし、お客に対するサービスもいい。だから安心して買い物ができる」といわれるような業界であってこそ、お客様にも喜ばれつつ個々のお店の商売もほんとうに繁盛するのだといえましょう。

そのためには、その業界に属する店がそれぞれに健全で、お客様に信用されるものでなければなりません。もしそうではなく、業界の中に不健全な店が多ければ、「あの業界はダメだ。信用できない」ということになって、業界全体としても共同の大きな損害を受けることになってしまうと思うのです。

そういうことを考えてみますと、お互い商売を進めていく上で、自分の店を健全なものにしていくことがまず第一に大切なのはいうまでもありませんが、それと同時に、他のお店ともうまく協調して、業界全体の共通の信用を高めるということも配慮していかなければならないと思います。もちろんそうはいっても、他のお店と仲よくすることのみにとらわれて、互いに競争するという姿が生まれてこないということではいけません。そういう競争のない状態からは、業界の進歩、発展というものはやはり生まれてこないでしょう。

ですから、お互い、正しい意味での競争、秩序のある対立というものは大いに行わねばなりませんが、その対立、競争の中に調和を見出していく。つまり対立しつつ調和することによって、自他ともの健全化を考え、同時に業界全体の信用を高めることを考えていくことが肝要だと思います。

そのように業界全体が世の人々から頼りにされることが、新しい時代における業界のあるべき姿である。またそういう姿をお互いが協力して実現していくところに、商売人としての一つの尊い務めもあると思うのです。

二十人の小僧さんの顔

私が自分で物をつくって商売を始めたころ、初めて東京へ売りに行ったのです。東京の問屋さんを回って、あなたの店で買ってくれませんかとお願いし品物を見せました。すると、「これはいくらだ」と言われる。「十五銭です」「十五銭か、それは相場だな。しかし君、同じ値段なら、東京のものを買う。大阪からわざわざ買うならもっと安くなければいけない。だから十四銭にしろ、十三銭にしろ」というように問屋さんがおっしゃる。

一応無理からぬことです。しかし私は、相場であれば相場で買ってもらうことが正しい、と思って、「まあそうおっしゃらずに、高ければ考えますけれども、だいたい相場であれば買ってください」こういうように言いました。ところが、「やはり初めて来て相場で売るというのは虫がよすぎる、だから一銭でも安くしろ」ということを強く言われる。それで、私はもっともだなという感じがして、十四銭にしようかと思ったのです。

ところが、しようかなと思ったとたんに、ふと感じたことがあったのです。その時分は二十人近い従業員がおりました。小僧さんばかりですが、初めて東京へ売りに行くということで私を送り出してくれたわけです。その人たちの顔がポッと映った。それで、十五銭で売るという品物は、自分の感情だけで値段を決めてはいけない、みんなが汗水たらしてつくってくれたものだから、その人たちの努力というものを、自分の一存で左右するということは許されない、というような感じがしたのです。

それで強く私はまた頼んだのです。「まあご主人、そうおっしゃいますけれども、これはわれわれ一生懸命夜なべをしてつくったのです。素人も中にあって一生懸命つくったのだから、ひとつお願いしたい」こういうことを頼んだのです。それで結局買ってくださったわけです。七、八軒の問屋を回って、少ない数ですけれども、全部売れたわけです。

その後東京へ行くたびに、新しい商品を持っていくと、やはり値段をいちいち交渉されるわけです。けれども私はいっさいまけないということにしました。

ところが、そうすると、安くしろとも言わずに頭から買ってくれません。そこで値段を最初から真剣に考えて、できるかぎり安く、そして安定した値段にするということになるわけです。ここに非常なむずかしさがあって、値段をつけるのに人一倍苦心しました。その結果、つけた値段は、人に〝なるほど妥当な値段だ〟と認めてもらえるようになったわけです。

商品を大切に

商売というものは、大きくやっていようと小さくやっていようと、事の原理というものはみな相共通しているように思います。

たとえば、商品を大事に扱うということ、これもその一つです。人間というものは妙なもので、ここにかりに千円札があるとしますと、これは決して粗雑に扱いません。金《かね》はやっぱりサイフにキチンとしまうか、タンスに入れるか、金庫に入れるか、ともかくほったらかしにはしません。命のつぎに大事なもののように扱います。

ところがこれが商品となると、なんとなく粗雑になってくる。千円の値うちのある商品は、これは千円札と同じなんだというほどの思いがない。だからついほったらかしにする。埃《ほこり》もかぶったままで、キチンと整理もせずに、店のすみで軽くあしらわれてしまうというようになりがちです。

実はここのところが非常に大事なのです。私の経験からいうと、こういう扱い方をする傾向の強いお店ほど発展していません。

もちろん例外もあるでしょうし、いちがいにはいえませんけれど、まずだいたいはこうしたものです。反対に、商品は金と同じだ、金を生むもとになるのだという思いで、大事に管理し、陳列し、いつもきれいにしておくというような細かい心配りをしているお店は、概して発展しているようです。

私の知っているある代理店さんのご主人が、なんとか小売店さんの繁栄策を考えたいというので、店をしまってから毎夜、お得意先の小売店さんを、二、三軒ずつ回られた。そこで何をされたかというと、まずお店の乱雑を整理しましょうと強く説いて、あたかもそのお店の番頭さんみたいに、商品の整理から陳列、掃除にいたるまで、細かく世話して回られたということです。

これを半年ほど続けられると、その熱心さにほだされたというのでしょうか、小売店さんの奥さんまでが、これはもっと自分の手で率先して大事に、きれいにしなければいけないという思いになってこられた。そして、だんだんと陳列も変わってきた。自然、小売店さんの商売も上向いてくる。それがまた自分の商売のプラスになってきたというのです。

何でもないことのようですが、まあこれが商売の一つのコツというものです。大きくとも小さくとも、商売をやっている以上は、扱っている商品は、これは金と同じだという思いで、大事にしたいものです。

まずサービスから

今日、人と人とのあいだになんとなくうるおいが乏しくなってきたように思われる一面がありますが、それだけにサービス精神という潤滑油が、もっともっと強く求められなければならないように思います。つまり今日の時代こそ、まずサービスからかかれ、ということになると思うのです。

そのサービスを適切にやっていくかいかないかによって、他の人々に満足されるかどうかが決まってきます。そして満足されるかどうかということによって、支持してくださるかどうかということに結びつき、繁栄するか繁栄しないかということに結びつくと思うのです。

商売に携わる人はもちろん、すべての人は、サービス精神にこと欠いてはならないと思います。友人に対してもサービス。自分の会社、商店に対してもサービス。そして、顧客に対しても、社会に対してもサービスです。いっさいがサービスから始まるというように考えていいと思うのです。

会社や商店に勤める方々は、自分の会社、商店に対するサービスがいちばん手近です。しかしそういったサービスというものをはっきり心得ている人はあまり多くないようです。

国と国とのあいだにおいても、サービスを怠る国は落伍《らくご》する国です。落伍しないまでも人気を落とす国です。今はそういう時代です。そういう時代に立っているお互いが、手近なサービスを忘れてはおかしいと私は思うのです。

ひと口にサービスといっても、その内容はいろいろありましょう。笑顔をもってサービスする場合、礼儀をもってサービスする場合、あるいは働きをより正確にすることによってサービスをすることもありましょう。

廊下で会っても礼一つしないようなことではサービスになりません。見知らぬ人であって、お得意さんかどうか分からなくても、とにかく一応頭を下げて会釈する、これは人間としての一つの心得です。イヌやネコはそういうことをしないでしょう。見知らぬ人であれば吠《ほ》えたり、かみついたり、黙って逃げたりするでしょう。人間であるならば、自分の勤める会社へ来た人に対しては、何らかの関連がある人だから、ちょっと笑顔で会釈をして通るということが、これはサービスです。サービスというのは、人間としての正しい礼儀だと思うのです。

名君と忠臣

今から二十二年前、私が初めてヨーロッパへ行ったときのことです。ある大きな会社の社長さんからこんな話を聞きました。

「松下さん、私は、消費者というものは王様であり、われわれの会社はその王様に仕える家来だと考えています。だからわれわれは、王様である消費者が言われることは、たとえどんな無理でも聞かなければならない。それがわれわれの務めである。そういう方針で仕事をしているのです」

〝消費者は王様〟という言葉は今でこそわが国でもよく言われますが、なにしろ二十二年も前のことです。私の耳には非常に新鮮に響きました。〝なるほど、確かにそのとおりだ。非常に徹した考え方だな〟と感心しました。

しかし、それと同時に、私はつぎのように考えました。昔から王様が家臣や領民のことを考えないと、家臣や領民は喜んで働く意欲を失ったり、ときには窮乏に瀕《ひん》したりする。その結果、国も困窮してしまった例も少なくない。結局、王様がほしいままに行動すれば、やがては王様ご自身もお困りになるということにもなります。

だから王様の言われることを、何でもご無理ごもっともと聞くことも一つの忠義の現われかもしれないが、真の家臣であるならば、王様が間違ったことをしないように、ときには忠言を呈しつつ忠勤を励まなければならない。そのためには、ときには王様のご立腹を覚悟の上で苦言を申さねばならないこともあると思います。そのように王様に思いやりある名君になっていただくよう努めてこそ、ほんとうに王様のためを思う忠臣であり領民だといえると思います。

最近は、特に消費者としての立場が、ますます重視されるようになってきて、まことに好ましいことだと思いますが、それだけに、ここでいま一度、〝消費者は王様である〟ということのほんとうの意味を味わってみたいと思います。そして、ともどもに名君となり忠臣となって、国家社会の真の繁栄をはかっていきたいものだと、そう思うのです。

お得意先と仕入先のことが気になって

別のところで〝商品を大切に〟ということを申しましたけれど、これは要するに〝商売を大切に〟ということと相通ずるところがあると思います。つまりお互いに、もっと商売というものを大事にしなければならない、もっと商売というものに身を入れなければならない、ということと同じことなのです。

もちろん商売をやっているかぎり、だれもこれを好んでおろそかにしている人はありますまい。みんなそれぞれに懸命にやっている。しかし、ほんとうに身を入れてやるということは、これはなかなか容易ではありません。

たとえば、商売をしているからにはお互いに儲けなければならない。これは当然のことです。しかしただ単に、儲けさえすればよいのだ、という程度の考えだけではいけないと思うのです。一歩進めて、いったい何のために儲けねばならないのか、というところまで真剣に考えておかなければなりません。儲けることの真義とでも申しますか、そこまで考えて、はっきりとした信念をもっておかないと、商売にほんとうの力が湧いてきません。

一般に国家社会を論ずれば、なんとなく格調高いものに思うけれども、商売を論じ儲けを論ずるというと、これは一段下の問題みたいに思ってしまう。これはたいへんな間違いです。商売や儲けを論ずるということは、実は国家社会を論ずるのと同じことなのです。つまり商売というものは、ほんとうは非常に格調の高いもので、だからお互いにここに自信と誇りをもって、もっと格調高い商売をしなければならないと思います。

こういう思いで商売を大事にし、商売に身を入れていると、自然とお得意先と仕入先のことが気にかかってくる。お得意先と仕入先を抜きにして商売というものは成り立ちませんから、お得意先と仕入先のことが気になって、じっとしていられないような思いになるものです。そして、あのお宅のあの製品にはもう油をさしてあげなければいけないとか、このお家にはこの新しい製品をお勧めしてみようかとか、あれこれと頭に浮かんでくる。自然、仕入先にも、いろいろと積極的な意見が出てくるようになります。

もしも、お得意先と仕入先のことが、絶えず気になるということがないとすれば、商売はやらないほうがよろしい。きついことを言うようですが、ほんとうは寝ても覚めてもというところに、身を入れた商売というものがあると思うのです。

お得意先のありがたさ

松下電器の五十数年の歩みの上には、いろいろなことがありました。喜びもあり、つらさ、困難さをしみじみと味わったこともありました。それらをふり返って考えてみますと、非常に感慨の深いものがあります。

しかしそういう感慨深いものを考えるについても、思い出すことはその時々のお得意様のありがたさというものです。

あす支払う金がない、品物がたまって売ることが困難で困るというようなときに際しても、思い出されるのはやはりお得意です。そのようなときに、力の手を、助けの手をさしのべてくださるのは、お得意先でした。

昔、大阪の町人、江戸の町人においても、お得意先の方向には足を向けて寝てはならないということが、お店《たな》の教えとして長年にわたって伝えられていることは、商店の一つの通則として、いろいろな書物に書き残されています。これは皆さんもご承知のとおりです。

昔の人は、自分の店の今日あることは、結局は自分の店をごひいきくださるお得意先のおかげであるということで、足を向けてはいけないぞ、足を向けて寝てはもったいない。またジャンと半鐘の音を聞いたならば、何はともあれ駆けつけてお助けしなければならない。そういうのが、江戸時代の町人の心意気であったと、書物その他において伝えられています。

私自身におきましても、いろいろな困難に直面したときに思い出されるのは、結局そのことです。お得意様ほどありがたいものはないということを肝に銘じて感じております。

今日といえども、人情の機微に変わりはございません。いわゆるごひいき筋のありがたさ、ファンのありがたさというものは、損得を超越してひいきにしてくださること、そしてその人を立派な、奉仕できる力をもつ人として育てあげようとしてくださることです。またそういうところにこそ、ひいきの真髄があろうかと思うのです。

呼びかける

商売の仕方というものは、時代とともに徐々に変わっていくものだと思いますが、今日の商売では、昔と比べて、〝お得意先に呼びかける〟ということの必要性が、ますます高まってきているような気がします。つまり、数年前までは、主にお店に来られたお客さんにいろいろと説明をしながら商品をお勧めし説明して、それをお買い上げいただくということで商売が進んでいました。しかし最近は、もっと能動的に商売するというか、逆にこちらがお得意先をお訪ねし、積極的にお勧めして需要を獲得していくということが非常に大切になってきているると思うのです。

自分が商売をしていて、〝これはよい品物だ。使えばほんとうに便利だ〟というものをみつけたとする。そのときに、〝早くこれをお客さんに知らせてあげよう。そして喜んでいただこう。それが商売人としての自分の務めだ〟というように考えてお得意先を回り、力強い呼びかけをお客さんに行なっていく。それがきわめて大事だということです。

もっとも、同じお得意先回りにしても、〝それをしたほうがよく売れるし儲かるからするのだ〟という考え方もできると思います。そして、そういう考え方で行なっても一応の成果をあげ得るとは思います。しかし、それではほんとうに世のため人のためになる真の商売というものは成り立たない。真の商売をするためにはやはり、自分が〝これはお客さんのためになる商品だ〟という確固とした信念をもって、お客さんに力強く呼びかけ、訴えていくということでなければならないといえるでしょう。

そういう呼びかけをするならば、お客さんもおのずとその熱意にほだされ、一度使ってみようかということになる。また実際それを使ってみれば非常に便利でお客さんは喜ばれる。その結果〝あの人はなかなか熱心だ。勉強家だ〟ということでお客さんの信頼が集まり、自然、商売も繁盛していくことになると思います。要はそういう呼びかけを喜びの気持ちをもって行うこと、そこにこそお客さんにも喜ばれ、世のため人のためになる真の商売を成功させる一つの大きなカギがあるのではないでしょうか。

商品を発意する

商売は、商品を仕入れてそれを販売し、お得意様の用に供するということで成り立っています。しかし商品を仕入れて売るだけが商売の道かといえば、それは決してそうではありますまい。私はそこにもう一つ、商売人として非常に大切なことがあるように思います。それはどういうことか。ひと言でいえば〝商品を発意する〟ということです。

つまり、ただ商品を売買するだけではなく、その商品についてみずからいろいろと考え、〝この商品はここをこう改善したほうがもっとよくなる〟とか、あるいは〝こんな特徴のある新製品をつくったらどうだろう〟ということを商人としての立場で発意し、それをメーカーに伝えるということが大切だと思うのです。

もちろん、商品をつくるのはメーカーの役目です。新製品の開発にしても、メーカーがその研究所で行うのが当然と考えられます。ですから、商人はそこでできた商品を仕入れて売ればそれでよいとも一応は考えられます。

しかし、商売をしている人には、その商品を買って使われる人の立場というものがいちばんよく分かります。ご需要家の皆様が商品について日ごろ抱いておられるご不満、ご要望というものを聞く機会がいちばん多いのが商人でしょう。したがって、真にお客様の要望に沿った商売をするためには、そのご不満なりご要望なりを聞きっぱなしにすることなく、それを自分で十分に咀嚼《そしゃく》し、商人としての自分のアイデアを考え出す。それをメーカーに伝えて改善、開発をはかるよう強く要望していくということがやはり大切だと思います。そうしてこそはじめて、社会に真に有益なほんとうの商売というものが可能になるのではないでしょうか。現にアメリカで商売をしている人の中には、そうした発意をしてメーカーに力強く要望をしている人が多くいます。私はそれは、新しいものが次々と生み出される上で一つの大きな導きになっていると思います。

こうしたことは、実際にはなかなかむずかしいことだと思いますが、しかしそこまで考えるところに真の商売の妙味というものがある。また同時に、ご需要家からもメーカーからも信じられ、頼りにされて商売がますます発展していく道の一つがあるのではないかと思うのです。

不景気だからこそ

この世の中というものは、お互い人間がつくりあげているもので、したがって景気不景気というのはまったくの人為現象で、自然現象ではありません。ですから好不況というものは、本来あり得ないものだということになるのですが、それでも現実に不景気ということが起こります。商売をしている身にとっては、これはなかなかたいへんなことで、大いに心配されるところです。

しかし、不景気にはまた不景気に対処する道がおのずからあると思うのです。たとえば〝不景気もまたよし、不景気だからこそ面白いんだ〟という考え方が、一面できないものでしょうか。〝世間が不景気だから、自分の店が不景気になるのも仕方がない〟とあきらめたり、あるいは〝困ったことだ〟と右往左往すればお店はその予想のとおりになりましょう。しかし、〝不景気だからこそ面白いんだ、こんなときこそ自分の実力がものをいうのだ〟と考えて、さらに商売に励むならば、そこには発展、繁栄する道がいくらでもあると思うのです。

たとえば、昨年は忙しくてほうっておいたアフターサービスを、この際徹底的にやろうとか、お店の整備を積極的にはかろうとか、いわゆる甘い経営を排していろいろな方策を考える。それも、他力に依存することなく、自分がこれまでにたくわえた力によって一つひとつ着実に実施していく。そうすれば、その歩みはたとえ一歩一歩のゆっくりしたものでも、他のお店が不景気で停滞しているのですから、まあ、相当のスピードということになりましょう。

そういうことを考えてみますと、不景気こそ発展の千載一遇の好機であるということにもなりましょう。

私は、商売というものは、このように考え方ひとつ、やり方ひとつでどうにでもなるものだと思うのです。いうなればお互い何をなすべきかということを、寝ても覚めても考えねばならないときではないでしょうか。

街の品位を高める

自分のお店を常にきれいにし、お客様が入りやすいよう、また商品が見やすいようにすることは、商売を発展させていくために、非常に大事なことの一つだと思います。ただ、そのように店舗をきれいにするということについては、単にお客様の購買意欲を高めるためということだけではなく、より一段高い理由からも、大いに力を入れる必要があると思います。

その理由とはどういうことかといいますと、自分の店舗は、自分の商売のためのものであると同時に、自分の街の一部を成すものである。だから、自分の店舗のあり方は、その街の美醜にも大きな影響を与えるということなのです。一つの街に好ましい店舗ばかりが並んでいれば、その街は、いきいきと活気に満ちたきれいな街になります。街全体に好ましい環境が生まれます。

したがって私たちは、そうした街を美化するというか、街の品位を高めるという一段高い見地からも、自分の店舗をきれいにしていくことが大事だと思うのです。それは〝社会の役に立つ〟という商売の真の使命にもとづく一つの尊い義務ともいえましょう。またそれは同時に商売の繁栄にも結びつくものだと思います。

ある街へ行ってみたが、どの店員さんの応接態度も立派であるということになれば、その評判は遠く地方にまで及んで、多くのお客様がはるばる来てくださるということにもなりましょう。パリのシャンゼリゼの通りは、世界の人々のあこがれの的だといわれていますが、遠くパリをもち出さずとも、わが国にもそういうところが数多く生まれるべきではないかと思います。その意味では、どちらの理由からお店をきれいにしても、結果は同じ商売の繁栄に結びつくということになりますが、しかし、単に自分の商売のためにするのと、そこから一歩抜け出て街の美化、品位向上のためにするというのとでは、その精神に大きな違いがあります。

そういう一段高い精神に立つということが、ほんとうに魂の入った商売を可能にする一つの要諦《ようてい》ではないでしょうか。

利は元にあり

昔から「利は元にあり」という言葉があります。その意味するところは、一言にしていえば、利益は上手な仕入れから生まれてくるということだと思います。

まずよい品を仕入れる。しかもそれをできるだけ有利に適正な値で買う。そこから利益が生まれてくる。そのことを「利は元にあり」という言葉で表わしたわけでしょうが、まことに言い得て妙。昔の人はまったくうまいことを言うものです。実際、商売を成功させるためには仕入れがきわめて大事です。

したがってお互い商売を営む者は、よい品物を安定的に供給してくださる仕入先を求め、その仕入先を、品物を買ってくださるお得意先と同じように大切にしていくことが肝要だと思います。そういう気持ちがないと、結局は商売は繁盛しないといえましょう。これはいわば分かりきったことかもしれません。しかし、その分かりきったことが、さてとなるとなかなか実行されていないのが、今日の実情ではないでしょうか。

最近、会社、商店の仕入係には、一部に横暴な人もあるということをよく聞きます。これは、「利は元にあり」ということが、ともすれば、ただ単に安く買い叩《たた》けばよいというように解釈される結果だと思いますが、それはやはり浅い小さい解釈で、この言葉はもっと深く、大きく広げて解釈しなければいけないと思います。そうすれば、仕入先はお得意先同様大切にしなければという考えがおのずと生まれてくると思うのです。

私は、過去において成功した会社、商店で、その成功の大きな秘訣《ひけつ》が仕入先を大事にしたことにあるという例をたくさん知っています。なるほどあの店は成功するはずだ、仕入先を大事にしているから、ということをしばしば感じたことがあります。

仕入先を大切にすれば、仕入先の方でも、〝自分をよく理解し大事にしてくれるところには、よい品を安くお届けしよう〟ということになりましょう。それが人情というものです。

仕入先とそうした人情の機微にふれる信頼関係を結んでこそ、「利は元にあり」という至言が、ほんとうに生きることになると思うのです。

集金と支払いについていつも敏感に

お互いが商売を営む上で大切なことはいろいろありましょうが、〝取引というものを、誠実に、そして正確にやる〟ということもその一つではないかと思います。いいかえると、これは〝集金なり支払いというものに対して、いつも敏感であれ〟ということになります。

最近は、倒産件数もかなり多いということです。なぜ倒産したのか、それぞれにやむにやまれぬ事情があり、原因はいろいろでしょうが、その大きな原因の一つに、やはり放漫経営というものがあると思います。つまり常日ごろから、集金と支払いというものに対する関心が、それほど敏感でなかった。ルーズにするつもりはなかったのでしょうが、売りさえすればよいということで、いつのまにか集金と支払いというしめくくりを第一義に考える感覚を失ってしまった、その咎《とが》めが不況に際して、いろいろの支障となって現われてきたといえるでしょう。

これは中小企業だけに限りません。最近は、いわゆる大企業といわれるところですらも、どことなくルーズになってきて、それがいろんな間違いを起こし、失敗をおかす原因になってきていると思うのです。

金《かね》をルーズにすれば、何もかもがルーズになるものです。ですから健全にやっている会社なり商店は、日ごろから金というものには比較的敏感で、集金についても支払いについても実によく気を配っておられるように思います。商売の大小を問わず、いい経営をやろうと思えば、やはり取引というものを厳格にやらねばいけないと思います。そういうところに、商売の大事なカナメというものがあるのです。

これはある問屋さんのことです。そのお店は、それほど大きな商売をしておられるわけではないのですが、どこも容易でない今日の情勢下で相当利益をあげて、しかも着実に蓄積されているのです。それでいて、小売店さんからは非常に愛され、また仕入先からも深く信頼されているのですが、それというのも、日ごろから集金をキッチリし、また支払いもキッチリし、ひいては取引のすべてにわたってキッチリしていたということなのです。つまり経営の姿勢というものが、誠実でそして正確であったわけです。

相互の信頼というものは、結局こうした姿から生まれるのだと思いますし、商売の繁盛の原理というものも、案外こうした平凡なところにあるのではないでしょうか。むずかしく考えることはないと思います。

夫婦の仲がよければ

今から五十年ほど前、私が自分で独立して商売を始めたころのことです。当時の私の商売というのは、各種のプラグや、自転車の電池ランプなどの電気器具をつくり、それを電気屋さんに買っていただく、というものでした。

ところが、当時の電気屋さんといえば、どのお店も比較的小規模な、いわゆる個人商店ばかりです。しかも電気屋という商売自体が新興のもので、必ずしも資金に余裕のある姿ではない場合が多かったのです。いわば腕一本で商売をしている、というようなお店がほとんどだったのです。

ですから、取引をしても、どこか不安定で、ときには代金を踏み倒されたりする、というような場合もあったのです。事実、私の同業者の中には、代金を踏み倒されて倒産に追いこまれた、という姿さえありました。

それだけに、取引をしていくには信用というものを慎重に考えることが大切だったわけです。しかし、何をもって信用を判断するかが問題です。

ふつう、信用といえば、まず対物信用のことです。たとえば、資金というものも大事な要素です。ところが、当時は、私自身も資金がありませんし、また電気屋さんにしても、資金が十分なお店はまれで、ほとんどのお店は資金に余裕がないわけです。ですから、対物信用をもってそのお店の信用を判断するということにすると、ほとんどのお店は、必ずしも信用があるとはいえない、ということになってしまいかねないのです。

しかし、対物信用で判断して信用がないからといって、それでどのお店とも取引をしなければ、今度は私の商売自体が成り立っていきません。

そこで私は、いろいろと考え、思いをめぐらせた結果、対物信用ではなく、対人信用でそのお店の信用を判断してみよう、と考えたのです。対人信用というのは、お得意先のご主人に対する信用です。個人商店ですから、そこのご主人が信用できる人柄かどうか、ということです。

しかし、対人信用の目安を、ご主人の人柄におくだけでは不十分です。そこで私は、その目安を、もう一つ別のところにもおいたのです。それは、そのお店のご主人夫婦の仲がよいかどうか、ということです。

夫婦が仲よく、二人で気を合わせて仕事を進めているお店、たとえばご主人が外を回れば奥さんは店番をするというようなお店であれば、これは信用があると判断するわけです。そのようなお店なら、まず取引をしても大丈夫だろう、そう考えて商売を進めたわけです。

ところが、そのようなお店でも、なかにはその後に倒産したところもあります。けれども、そういうお店では、たまたま夫婦がケンカをして仲が悪くなっていたというのです。私は、やはり夫婦の仲が悪くなると、商売もうまくいかなくなるものなのかと、つくづく感じました。

考えてみれば、私の同業者が倒産するということもあった中で、私のところは倒産することもなく続けることができたということは、結局、お得意先が倒産しなかったということにもつながると思うのです。そしてお得意先が倒産しなかったということは、対人信用を対物信用よりも大事にしていたことも大いに関係があったのではないかと思います。夫婦の仲がよいということが信用の力強い裏づけになると考えたことは、私自身の体験から必ずしも間違っていなかったと思っているのです。

夫婦の仲がよいこと。これはなにも商売上の信用を得るためということだけでなく、多少の例外はありましょうが、何ごとにおいても、事を進める上で大切なことと、そう思うのです。

絶対安心の境地

最近は〝流通革命〟ということがよくいわれますが、商売の面でも変化が激しく、なかなかむずかしい問題も多くなってきました。

いろいろと新しい製品がつぎからつぎへと出てくる、流行もめまぐるしく変わっていく。同業者どうしの競争も激しくなってくるし、いわゆるスーパーマーケットのような量販店の進出も多い。町の様子自体からして新しく近代化されていく。そのように、商売をとりまく状況というものは日に日にといってもよいほどに変化し、動きつつあります。

そういう中にあって商売をしていると、はたしてうまくやっていけるだろうかといった不安や悩みがどうしても起こってきがちだと思います。これは、流通界といいますか販売業界に限らず、メーカーにしても同じことです。

しかし、考えてみますと、私はどんな場合にも絶対安心の境地というようなものはあり得ないのではないかという気がするのです。商店といわず、問屋さんといわず、メーカーといわず、そしてまた今日だけでなくいつの時代にあっても、みな同じことではないか、それぞれの立場、それぞれの時代の中で、いろいろむずかしい状態に直面して、心配したり不安の念をもったりしているのではないかと思うのです。そして、そういう中で、それぞれにそうした心配や不安と戦い、努力して道を切りひらいているのだと思います。

心配もなく、努力もせずしてうまくいくということであれば、それはまことに結構ですが、そんなことはないのがほんとうだと思います。だから、今日皆さんが、流通界のさまざまな変化の中でいろいろ思い悩んだり、心配されたりするのは、これは当然あっていいことだと思うのです。

むしろ、そういう変化の中にこそ、生きる境地というものが見出されてくるのではないでしょうか。いろいろ心配があって、それで困った困ったということで敗北主義に陥ってしまってはいい知恵も出ませんが、かといって何の心配もなければ、人間努力もしないし、進歩もしない、お店の経営にも筋金が入らないということになります。

だから、どんな変化があろうと、どんな世の中になろうと、必ず生きる境地というものがあるという信念に立つ。そして、そうした変化の中でよりいっそうお得意のため、需要家のためを考えた新しい商売の行き方を、小さなお店は小さなお店なりに、大きなところは大きなところなりに考え生み出していく。そういうところから、今日の流通革命についても対応の道がひらけ、それがお店の繁栄にもつながってくると思います。そういう努力の中に、あるいは絶対安心の境地があるかもしれません。

明朗公正な競争を

競争ということは、お互いが切磋琢磨《せっさたくま》し、みずからの活動を高めていく上からも、また、業界なり社会の伸展を助成するためにも、非常に大切なことだと思います。

しかし、よく考えておかねばならないことは、競争自体が尊いのではない、ということです。競争することから、商売なり人生に何が考え出され、何が生まれるかが要諦であり、相互に競争していくうちにも常に業界共通、社会共通の利益が守られ、国民全体の共存共栄の実を結ぶところに、競争の真の意義がある、このように考えることが大切だと思うのです。

端的に申しますと、競争はあくまで明朗公正な姿で行われることが肝要です。反対のための反対とか、相手に打ち勝ちたいというだけの対抗意識から、あえて明朗でない方法をとったり、権力や資本の力をもって臨むような競争に対しては、メーカーたると卸店、一般販売店たるとを問わず、広く業界安定のためにも断じて退けなければなりません。

社会が求める声を聞かず、自己の販路を広げることのみはかっては、押し売りという好ましからざる姿になり、ひいては卸、販売店相互のあいだにも安易な考えと乱売を助長させることになるでしょう。

このことは、販売店、卸、メーカー、ひいては消費者、社会、国全体にも損害を及ぼすことになると考えられます。弱体な乱売に明け暮れている不安定な業界を相手にする消費者、そしてその業界を含んでいる社会は混乱し、健全な発展が妨げられるわけです。

自己の立場のみを考えてはなりません。生産者にしても、消費者にしても、それぞれの立場だけを考え、主張してはならないと思うのです。そうではなく、お互いに、この社会が発展するためにはどうすればよいか、何が正しいのかということに立って、物事を考え、行なっていくことが大事だと思います。

また、不当な値下げをしてこれを競争なりと考え、サービスと見誤ることがあっては、取引を乱脈にすることになってしまいます。

道理をはずれた商売をしては、支払いや集金にも当然影響し、一軒の乱れは将棋倒しに全般へ波及して、みずからを弱体に陥れ、業界を混乱に導く結果ともなるのです。

これでは産業人本来の使命が失われ、商売が社会に存立する意味もなくなると考えます。

われわれは、いかような困難に直面しても、常に業界の公正な競争を助け、適正な商売を通じて、消費者ならびに国家社会の繁栄に寄与するという、大いなる責務を忘れてはならないと思うのです。

第二章

人事の心得いろいろ

人を集める第一歩は

中小企業の方々の一つの悩みは、今、求人難にあるということです。これは大企業においても同じことです。日本は今、全体的に人が足りないのです。働く人が足りなくて、遊ぶ人が多くなっているわけです。これはやはり政治のあり方など、いろいろな問題が社会的にあると思うのです。

人は決して少なくない、相当あるにもかかわらず、世の姿、あるいは社会の情勢が、働く人を少なくして、遊ぶ人を多くしている、というこの根本にふれずして、人の問題を解決する道はないという感じがします。

それはしかし、今すぐどうにもできませんので、さしあたり人をどうして採用するかという問題です。日本で中学を出て、高等学校を出て就職する人は、何万人とあるわけです。あなたの店は何万人もいりません。だから採ろうと思ったら採れないことはありません。

しかし、そのためには、あなたの店に何らかの魅力がなかったらいけないと思います。あなたの店にやはり一つの魅力を生み出すことが、まず先決問題でしょう。

これはどういうことかというと、今日では給料ということも一つの魅力でしょう。しかしそれだけではいけません。店のご主人であるあなたの知っている範囲というか、あるいはあなたが学校の先生に接する範囲というか、そういう範囲の方々が卒業生に対して、「あそこへ君、行ったらどうだ。なんとなく向こうのおやっさんは、君、ええおやっさんだよ」というように言わせるものを、あなた自身がもたなくてはいけません。あるいはあなたの奥さんがいいとか……。このごろは奥さんまでもが影響してきます。

そういう魅力がなければ、やはり人が集まらないと思います。そういうものをもたずして、人を集めることは、もう今日はむずかしくなってきています。

思うに、日本が大きな仕事をするという一つの立場に立って、いちばん大きな欠陥は何かというと、人を粗末に使っているということです。また多くの人を無為に動かしているということです。それが人が足りないようになった一つの大きな原因です。これは政治にも関係しますから、ここでは申しませんけれども、あなたのお店について考えれば、そのように魅力をもつようにしていくところからしだいに人を得ることができるようになってくると思うのです。

長所を見つつ

今日、どこの会社や商店でも、人を求め、人を育てていくという点に非常な努力をしております。けれども、実際のところは、そのわりあいに人がなかなか育ちにくいのが世の常でしょう。ここに、首脳者の立場に立つ人の悩みといえば悩みがあると思うのです。いったい、どうすれば人が育っていくものなのでしょうか。

考え方はいろいろあると思います。しかし私自身としましては、元来、首脳者の心得として、つとめて社員の長所を見て短所を見ないよう心がけております。あまり長所ばかりに目を向けるため、まだ十分には実力が備わっていない人を重要なポストにつけて、失敗してしまうような場合もなきにしもあらずです。しかし私はこれでよいと考えています。

もし私が、つとめて短所を見るほうであったとしますと、安心して人を用いることができないのみならず、いつも失敗しはしないか、失敗しないだろうかと、ひとしお心を労するでしょう。これでは事業経営にあたる勇気も低調となり、会社、商店の発展も十分には望めないようになりかねません。

ところが幸いにして、私は、社員の欠点を見るよりも、その長所や才能に目がうつりますので、すぐに〝あの男ならばやるだろう。あの男はこんなところがうまい。主任は務まるだろう。部長にしてもよかろう。一つの会社の経営をしてもらっても大丈夫だろう〟と、少しの心配もなく任せることができるのです。またこうすることによって、それぞれの人の力もおのずと養われてくると考えられます。

ですから、部下をもつ人はなるべく部下の長所を見るようにし、またその長所を活用するようにすることが大切だと思います。それと同時に、欠点があればそれを正すように心がけることも大事でしょう。

長所を見ることに七の力を用い、欠点を見ることに三の力を用いるのが、だいたい当を得ていると思われます。

それから、もちろん、部下である人もまた、これと同様に、上位者の長所を見るように心がけて尊敬し、短所はつとめてこれを補うように心がけることが大切です。もしこれに当を得たならば、よき部下となり、上位者の真の力となるにちがいありません。豊臣秀吉は、主人である織田信長の長所を見ることに心がけて成功し、明智光秀はその短所が目についていて失敗したといいます。心して味わうべきだと思うのです。

人を育てるには

お互いの会社、商店が発展し、社会の公器としてさらに光彩を放つようになるためには、やはり社員の訓育といいますか、人間的な成長に、会社としてよりいっそうの努力をすべきだと思います。そういう考えをもって努力している会社に入ってこそ、青年社員の将来というものが、非常に明るく輝くのではないでしょうか。

そして、会社はそういう人間的なものの考え方を基本として、社員に正しい商売人としての常識を培養する努力をしていくことが大切です。

ところが、そのためには、まず、商売人として、また社会人として、ものの正しい価値判断ができないようなことでは困ります。ですから会社においては、あらゆる点において正しい価値判断のできる人を養成しなければならないと思うのです。

価値判断が適正ならば、自己判断もできます。自己判断のできない人は、価値判断もできません。ですから、そういうような人が集まっても、それは単なる烏合《うごう》の衆ということになります。しかし、あらゆる面に、あらゆる場所に、そしてあらゆる時に、価値判断がある程度できるというそういった人々の集まりなら、何ごともきわめてスムーズに運び、繁栄も平和も、これを得るのはそうむずかしいことではないと思うのです。

ところで、この価値判断というものを、いかにして社員に培養するか、これが問題です。全知全能の神様なら、〝これの価値はこういうものである〟ということを、いともたやすく発見されると思います。しかしわれわれは凡人であって、神様ではありません。ですから、真の価値判断はここにあるということを、手を取って教えるすべはありません。

ただ、すべての点で、いつも正しい価値判断が大切であるという意識が養われておれば、ある程度正しい価値判断はできるのではないでしょうか。そうすればある程度失敗なく物事を行うこともできるのではないかと思います。そしてその際には、他の人の意見も取り入れ、みずからの考えと照らしあわせ、よりよき考えを培養していくことが大切だと思います。

私どもはお互いに、このような正しい価値判断をするための努力をし、研究をし、そして少なくとも社員として価値判断のできる能力を、逐次、高めていきたいと思うのです。それがとりもなおさず、個々の人の力となり、そして、国家社会の力となると思うのです。

好きこそものの上手なれ

商売をしているかぎり、その商売を繁栄させたいと望まぬ人はないでしょう。千人が千人ともそう望みます。それが人情だと思います。ところが、なかなかそういう望みどおりにはいかないのが実情というものです。それはなぜでしょうか。

原因はいろいろ考えられましょうが、その大きな一つは、その望みにふさわしい工夫、努力が伴っていないということではないでしょうか。工夫、努力が伴わなければ、望みが大きければ大きいほど、いわゆる青年の大言壮語と同じことになってしまいます。いかに小さい望みであっても、勇気と決断をもって実行を積み重ねないかぎりは、その望みの実現はむずかしいと思います。

たとえばお客さんに商品の説明をする場合でも、その説明の仕方なり内容を、はたして自分が得心するまで考え、工夫した上で話をしているかどうかということが大切です。また、その商品は買ってそれだけの値うちのあるものだという確信を自分自身がもっているかどうか。

そういう確信に立つならば、説得にもおのずから工夫が生まれ、お客さんに対する力強い説明と販売もできるというものです。

ではどうすればそうした確信が生まれ、工夫が可能になるか。それは何といっても、まず商品説明にみずから興味をもち、それを好きになることです。好きになれば努力することが苦にならない。むしろ楽しくなる。その結果、説得力も向上する。「好きこそものの上手なれ」という言葉がありますが、まさにそのとおりだと思います。

これは、なにも商品説明ばかりに限りません。一事が万事、何ごとにもあてはまると思います。

だから、商売を繁栄させたいと思えば、まず商売を好きになることと。そして、ただお義理や飯のタネにするために事を運ぶというのではなく、誠心誠意それに打ちこむこと。そこにこそ繁栄への一つの道があると思います。

適材適所ということが商売成功の一前提といわれますが、私は、適材適所とはそうした商売の好きな人が商売にあたるということであって、そうなれば千人が千人とも望みを達することも決して難事ではないと思うのですが、いかがでしょうか。

一人の責任

私は小企業も中企業も、また大企業も経験しているのですが、いずれの企業でありましても、結局はそこの主人公というものがいちばん問題だと思います。企業の大小を問わず、主人公が率先垂範していけば、いっさいは解決されるという感じがするのです。

といいますのは、社員なり店員の人たちは、おしなべてみな主人公の言うことを聞くわけです。主人公の言うことを聞かないという人は、おそらくないと思います。社長が「東へ行こう」と言えば、みな東へ行くのです。

しかるに東へ行って、もうひとつうまくいかない、そういうことはだれの責任でしょうか。もちろん、「東へ行こう」と言った社長の責任だと思います。

ですから、会社や商店の発展にはいろいろの要素がありますが、私はその経営者、社長の双肩にその責任がかかっていると考えております。

よく、社長の立場に立つ人が、〝自分は一生懸命働いているのだけれど、社員が十分に働かないのでもうひとつうまくいかない〟というように考える場合があります。ほんとうにそういうことがいえるときもあるでしょう。しかし、それはほとんど例外といってもよいような状態ではないでしょうか。だいたいは、その店、その会社の発展していく姿というものは、そこの主人公一人の責任だと私は感じているのです。

私自身、今までいかなる場合でも、自分一人の責任だということを考えつつ、自問自答しながら事を進めてきました。そうして、それと同じように、「部の責任は部長一人の責任である、課の責任は課長一人の責任である」ということを言ってきたのです。一つの課がうまくいくかいかないかということは、課長によってだいたい左右されるものです。

課長が自分の責任を厳しく自覚し、忙しければ一人で残って一生懸命に仕事をする、その姿を見て部下たちはどう感じるでしょうか。おそらく、部下の中には、「課長、一服してください。ひとつ肩でももみましょう」といたわりの態度を示す人も出てくるでしょう。期せずして、課長と部下の心はかよいあい、一体感も生まれてきます。

そのような、部下にいたわりの心を起こさせるような一生懸命の姿が自然に課長の仕事に現われるならば、必ずその課はうまくいくと思うのです。

だから、いずれの場合でも、それは課長一人の責任です。部であれば部長一人、会社全体なら社長一人の責任なのです。

人づくりは〝打つ〟ことから

今の世の混乱の原因の一つには、社会の根本となる人間の〝人づくり〟がなされていない、ということがあるのではないでしょうか。たとえば、ものの是非を考えるときなどでも、自分を中心に、あるいは自分の団体を中心に、また自分の国を中心にして考えるというのが今日の傾向だと思います。こういうところにも、〝人づくり〟がなされていないことによる悪影響が現われているのではないかと思います。もちろん、自分のこと、団体のこと、国のことを思う気持ちはたいへん結構なことだと思います。が、それと同じ気持ちがよその人、よその団体、よその国に対してはもてないというところに問題があると思うのです。

また、今の人々が忘れている大切なものに、道義や道徳があります。商売の道にしても、今は道義に欠ける一面があるように思われるのです。たとえば昔は、支払いということにしても、月末にキチンとすませるということにみんなが真剣でした。また、お得意先に対する正しい意味の感謝の念をもつといったような道義心というものに、相当高いものがあったと思うのです。

ところが、戦後はお互いに現金がないので、手形取引をしたのです。これは当時としては、日本再建のためのやむを得ない措置であったと思います。しかしこれは日本が逐次発展していくにつれて改めねばならなかったのです。にもかかわらず、今では逆にこの方法が促進され、それによって経営が安易に流れる傾向もあるようです。こういう姿が物価の騰貴に結びつき、またそれが人心の悪化に結びついていくとも考えられます。

また政治の上にも、国民を育てるもっと強いものが必要ではないかと思います。今の政治には、どちらかというと国民に媚《こ》びているような面が多少ともあるようです。この甘やかしが人心悪化の原因ともなり、商売道義の上にも好ましくない影響を与えているのではないでしょうか。

国民の人心を回復させるためには、国民を保護すると同時に、やはり叱咤《しった》激励ということも必要ではないかと思います。そういうものなくして甘いことばかりいっていたのでは、人づくりはできないでしょう。

名刀は、名工といわれる人が何度もくり返して鋼を打ってこそできるのです。ふところに鋼を入れてあたためていたのではなまった刀ができてしまいます。今は人づくりにおける〝打つ〟ということがあまり行われていないような気がします。

頼もしく思って人を使う

「あなたは人使いが上手だ、その秘訣を話してくれ」とよく言われます。しかし、当の本人は人使いがうまい、といった自信はそれほどないのです。だから人使いのうまさはこういうところにあるということは的確に申しあげられないと思うのです。しかしはたから見て多少そういうことが言われるのはどういうところなのかな、ということを私は考えてみたのです。

人使いということはいろいろ見方がありましょう。非常に強力な知恵と力をもっているから人をうまく使うという人もありましょう。私自身はどうかというと、私は逆なのです。強力な力も知恵も乏しいのです。だから人に頼るとでもいうか、人に相談するというか、そういうことに自然になるわけです。

それを受ける方は権柄ずくで命令されるよりも、相談されてみればいやとも言えないから、じゃあ協力しようかと、こうなる。そういう姿を見て、あいつは人使いがうまいと、こう感じられる場合もあるのでしょう。

が、私は人使いの上手下手というものは人によってみな違うと思うのです。非常に力のある人であって、だれに相談もせずして過ちなく事を決行するだけの立派な人は、やや命令的な態度をもってやったほうが能率があがりますし、また能率があがればそのあがった能率から生まれるところの成果は適当に分配されますから、それはそれでいいと思います。

しかしそういう力のない者は、私のやり方でやるほうがいいのではないでしょうか。私はたいてい会社の社員を見ますと、私より偉いという感じがするのです。一つは、私は学校も行っていませんからそういう感じがするのでしょうが、〝彼はなかなか偉い青年だな〟と、こう私は思ってしまうのです。

だから非常に頼もしく思うわけです。頼もしく思いますから、「君、こういうことをやってくれないか。君ならやれる。わしだったらやれないけれど、君ならやれる」と、こうなる。そうすると「それじゃあやってみましょうか」となる。そして一生懸命にやる。そうすると成功する。

これは、一つの成功のかたちです。そういうようなかたちができていたわけです。それで私の場合、幸い成功してきたわけです。ですから、言われてみれば、そういうこともやはり一つの人使いといえば人使いのやり方のうちに入るのかなと思うのです。

衆知を生かすために

〝人の和〟ということがよくいわれます。私はこの〝人の和〟は、非常に大事なことだと思います。衆知を集めるということも、人の和があってはじめて可能ですし、また生きてくるのだという感じがするのです。

人の和が醸成され、衆知が生かされていくという好ましい姿を生む一つの基盤として、上意が下達しているかどうか、下意が上達しているかどうかという事柄があると思います。社長の考えていることが少しも下に通じない、そういう会社は、概してうまくいっていないようです。また逆に、下意が全然上達していない会社は、さらによくないと思います。

ですから、たとえば課長であれば、自分の考えなり方針が課の人々にどのように浸透しているかを知る必要があります。そして、自分の考えていることで課の人たちが非としている点があるとすれば、なぜ非としているのかということについて話しあっていく必要があると思うのです。

そういうことを社長と幹部のあいだで、幹部と中堅幹部のあいだで、また課長と課員とのあいだで、絶えずくり返しお互いに行う努力をしていくことが大切です。それができる会社では衆知が集まり、衆知が生きてきます。

逆にそういうことをしない会社、つまり、命令一つ出せばすみずみまで行き渡ると考えている会社は、実際には上意は全体に行き渡っていないことが多いようです。それで、社長の思いと違った行動が随所に起こってきます。

もっと大事な問題は、下意上達です。つまり、一般の従業員の考えが社長の考慮に響いているか、くみ取られているかということです。

下意が上達するためには、責任者の立場に立つ人が、部下の考えているいることを引き出すという態度をとらなければいけません。課長に何でも言える、部長に何でも言える、何らはばかることがない、そういった空気が課内に、部内に、また会社全体に醸成されてくることが肝要なのです。

もちろん、これは非常にむずかしいことです。それだけに、容易な努力、容易な理解だけではできないでしょう。よほどそれに真剣に取り組まなければできないのではないかと思います。

そのように取り組んで、幸いよろしきを得たならば、その会社は真に衆知による全員経営が可能になってくるでしょう。そしてそこから、製造でいえばよい製品、販売でいえばお得意さんが非常に喜んでくださる販売が生まれ、より好ましい会社の発展も生み出されてくると思うのです。

部下の提案を喜ぶ

会社や商店では、従業員の人々が喜び勇んで仕事をするという姿をつくることが大切だと思います。それには、どういう点を心がけなければならないでしょうか。

いろいろ考え方はあると思いますが、私は、一つには、上司なり先輩が、部下なり後輩の人の提案を受け入れるということが大切だと思うのです。つまり、部下が提案しやすいような雰囲気をみずからがもっていることが必要だと思うのです。部下の人が何か提案をもってきたような場合、「そんなことを考えてくれたのか。君は熱心だな。結構なことだ」と言って、まずそのこと自体を、快く受け入れることです。

しかし、その提案を採用するかどうかということについては、上司の立場でいろいろと考えなければならないこともあるでしょう。非常に熱心に提案してくれたけれども、これは今すぐにはちょっと実際に用いることはできない、というような場合もあると思います。

そのような場合でも、とにかくいったん、その行為なり熱意なりは十分に受け入れて、そして「これはこういう状態だから、ちょっと待ってみようではないか。君、また考えてくれたまえ」と言う。つまり、そういう発案をすればするほど上司が喜ぶのだというような雰囲気が、会社なり商店にみなぎってくることが大切だと思います。
「いや君、そんなのダメだ」と言う。またやって来る。「ああ君、これはダメだ」というようなことで、三べんも提案したのに用いられなければ、〝どうもうちの上司は分かってないな、提案しても聞いてくれない、もうやめておこう〟ということにもなって、結局は決まった仕事だけをするということに落ちついてしまいます。これでは、進歩も向上も生まれてきにくいのではないでしょうか。

私は、これは非常に大事なことだと思うのです。むしろ、「君、なんにも意見を出さないじゃないか」と、意見を聞き出す努力をすることが必要ではないかと思います。「何回でも考えてくれよ、よい提案は大いに用いるから。提案してくれることは、大いに会社のためにもなるし、また、われわれの仕事としても面白いから、君、いろいろ考えてくれないか」こういうことを、常にくり返し部下の人に言っておくことが、ほんとうに大切なことだと思うのです。

経営者の心根

会社、商店の経営者にとって、どうすれば部下、従業員の人々がよりよく働いてくれるのかということは、きわめて大事な問題だと思うのです。この点に関する考え方はいろいろあると思いますが、私は、従業員の人々に対する経営者の気持ち、心根というものが、特に大切なことの一つではないかと思います。

少人数の人を使っている、小規模の会社、商店の経営者であれば、みずから率先垂範して、そして部下の人に「ああせい、こうせい」と命令しつつみんなを使って、だいたい成果をあげることができるでしょう。

しかし、これが百人、千人となれば、そういう姿は必ずしも好ましくありません。百人も千人も従業員がいるところでは、もちろん仕事の内容とか種類によりますけれど、だいたいにおいて、率先垂範して「ああせい、こうせい」というタイプでは好ましくないと思います。

形、表現はどうありましょうとも、心の根底においては、〝こうしてください、ああしてください〟というような心持ちがなければいけないと思うのです。そうでないと、全部の人によりよく働いてもらうことができないでしょう。

これがさらに、一万人、二万人になれば、〝そうしてください、こうしてください〝ではすまされないと思います。〝どうぞ頼みます、願います〝という心持ち、心根に立つ。そしてさらに大を成して五万人、十万人となると、これはもう〝手を合わせて拝む〝という心根がなければ、とても部下を生かしつつ、よりよく働いてもらうことはできないと思うのです。

そのような心根をもっているならば、同じ言動であってもその言動の響きは違ったものになりますから、部下の人々は、その響きをくみ取って、多少無理と思われるような命令であっても、それぞれに得心して働いてもらうことができるのではないかと思います。だから、そういう心根がなかったならば、いくら命令を出しても、部下はその命令に感ずるところ少なく、したがって働きも鈍くなって大きな成果も得られない、ということになってしまいます。こういったことは、経営者として心すべきことだと思います。はたして皆さんがそのように、人数に応じてそれにふさわしい心根に立っているかどうかといえば、それはいろいろありましょうが、私としてはそのような考え方を今のところもっているのです。

ある問屋さんの立腹

昔、松下電器が四、五百人ぐらいの町工場に成長し、信用も増しつつあったころのことです。

ある日、店員の一人がお得意先回りで、ある問屋さんへ行ったところ、そこのご主人がたいへん立腹していたのです。

「おまえのところの品物を小売屋さんに売ったら、評判が悪いといって返されてきた。せっかく売ったのに返されて、わしは憤慨しているのだ。けしからん。だいたい松下が電器屋をするなどとは生意気だ。

電器屋というのはむずかしい技術がいるものなのだ。こんな品物をつくるくらいなら、焼きいも屋でもやっておけ、それが松下には手ごろな仕事だ。帰ったらオヤジにそう言っておけ」

店員はそのとおり私に報告しました。それで私は、「ああそうか。そんなに怒っておられたか。それなら近いうちに行って謝っておこう」と言ったのです。そして、自分でその問屋さんを訪問しました。「このあいだはたいへんなご立腹で、申しわけありませんでした。店員に聞いたのですが……ほんとうにすみませんでした」

私がそう言うと、問屋さんのご主人は、「いやおそれいった。腹立ちまぎれに強く言ったのだが、お宅の店員がまさか焼きいも屋になれということをそのままあなたに伝えるとは夢にも思わなかった。失礼した。腹を立てないでくれ」と言われるのです。

そこで私も、「いや、腹など立てはしません。これから注意して、なおいいものをつくりますから」と言うと、先方も恐縮してあとは笑い話になったのです。

このことが転機となり、その問屋さんとは非常に親しくなり、いわばひいきにしていただくようになったのです。

これはうまくいったという話をしたいのではありません。実はこれが下意上達の姿だということです。店員が言われたとおり私に伝えたのは、日ごろ常に、私がたとえいやなことでも話してくれよと言いきかせていたからです。

そうでなかったなら、どうなっていたでしょう。おそらく店員は、そのようなことをおやっさんに報告したらいやな顔されるだろう。だから怒っておられたという程度にしておこうということになるでしょう。あるいはそれを番頭に相談する。すると番頭が、焼きいも屋のことだけは言わないでおいたほうがいいという場合もあるのではないでしょうか。それでは主人公である私には、実際のことが分からなくなってしまいます。

首脳者、経営者たる人がいやなことを聞いて、いやな顔をしたり、機嫌を悪くしたりするようでは、いやなことは伝わらないようになります。いやなこと、いやな話ほどみずから反省すべき点、改善すべきところを含んでいることに思いをいたすべきだと思います。

だから会社でも商店でも、外部に対して手を打たなければならないような情報がすぐに首脳者に伝わるような雰囲気を、絶えず内部につくっておくことが、事業なり商売を進めていく上で肝要だと思うのです。

補章

古今の家訓・店訓・社訓いろいろ

一つの商売、一つの事業を行なっていこうとする際には、やはりそれを進めていく根底をなす考え、あるいはその進め方などについての基本的な考えというものが、はっきりと定まっていることが大切だと思います。現に、今の世の中で活動を進めている会社、商店の多くは、そうした考えを、社是社訓、店是店訓とかいったかたちで、はっきりともっています。

また、歴史をさかのぼってみても、昔の商家、あるいは武家にしても、その家々に家訓というものが定められていました。まず、昔の武将が一代の心得というか家訓として残しているものを見てみましょう。

上杉家（謙信）の家訓

心に物なき時は心広く、体やすらかなり。
心に我慢（慢心のこと）なき時は愛敬失はず。
心に欲なき時は義理を行ふ。
心に私なき時は疑ふことなし。
心に驕《おご》りなき時は人を敬ふ。
心に誤りなき時は人を畏れず。
心に邪見なき時は人を育つる。
心に貪りなき時は人にへつらふことなし。
心に怒りなき時は言葉和《やわ》らかなり。
心に堪忍ある時は事を調《ととの》ふ。

心に曇りなき時は心静かなり。
心に勇ある時は悔《くや》むことなし。
心賤《いや》しからざる時は願ひ好まず。
心に孝行ある時は忠節厚し。
心に自慢なき時は人の善を知る。
心に迷ひなき時は人をとがめず。

伊達政宗の遺訓

一、仁に過ぐれば弱くなる。義に過ぐれば固くなる。礼に過ぐれば諂《へつらい》となる。智に過ぐれば嘘《うそ》を吐く。信に過ぐれば損をする。

一、気ながく心おだやかにして、よろづに倹約を用ひ金銀を備ふべし。倹約の仕方は不自由なるを忍ぶにあり、此の世に客に来たと思へば何の苦しみもなし。

一、朝夕の食事はうまからずとも褒《ほ》めて食ふべし。元来客の身なれば好き嫌ひは申されまじ。

一、今日行くをおくり、子孫兄弟によく挨拶《あいさつ》して、娑婆《しゃば》の御暇《おいとま》申すがよし。

このように、武家は武家なりに、それぞれに家訓が伝えられていたわけですが、これは商家もまた同じことです。昔から事業を続け、商売を営んできた多くの老舗《しにせ》、伝統のある会社も、それぞれに、その事業を始めた人などにより、社是、店是、家訓などが残されているのです。つぎにそういった例を見てみましょう。

三井家の家憲（初代高利）

一、単木は折れ易く、林木は折れ難し。汝等相《あい》協《きょう》戮《りく》輯《しゅう》睦《ぼく》（心や力を合わせむつみあう）して家運の鞏固《きょうこ》（しっかり固める）を図れ。

二、各家の営業より生ずる総収入は必ず一定の積立金を引去りたる後、はじめてこれを各家に分配すべし。

三、各家の内より一人の年長者を挙げ、老八分と称して是《これ》を全体の総理たらしめ、各家主は皆老八分の命を聴くべきものとす。

四、同族は決して相争ふ事勿《なか》れ。

五、堅く奢侈《しゃし》（ぜいたく）を禁じ、厳しく節倹を行ふべし。

六、名将の下に弱卒なし。賢者能者を登用するのに最も意を用ひよ。下に不平怨嗟《えんさ》（うらみなげき）の声なからしむる様注意すべし。

七、主は凡て一家の事、上下大小の区別なく、之に通暁《つうぎょう》する事に心懸くべし。

八、同族の小児は一定の年限内に於《おい》ては、他の店員と同一の生活待遇をなし、番頭、手代の下に労役せしめて、決して主人たるの待遇をなさしめざるべし。

九、商売は見切時の大切なるを覚悟すべし。

十、長崎に出でて外国と商売取引すべし。

住友家の家則（広瀬宰平）

一、主務の権限を越え、専断の所為あるべからず。

二、職務に由《よ》り自己の利を図るべからず。

三、一時の機に投じ、目前の利にはしり、危険の行為あるべからず。

四、職務上に係り許可を受けずして、他より金銭物品を受領し又は私借すべからず。

五、職務上過誤、失策、怠慢、疎漏なきを要す。

六、名誉を害し、信用を傷つくるの挙動あるべからず。

七、私事に関する金銭の取引其他証書類には、各店、各部の名柄《みようへい》

（名前による権力）を用ふべからず。

八、廉恥《れんち》を重んじ、貪汚《たんお》の所為あるべからず。

九、自他共同して他人の毀誉褒貶《きよほうへん》（そしったりほめたりする）に関し私議すべからず。

十、機密の事を漏洩《ろうえい》すべからず。

岩崎家（三菱）の家訓

一、小事に齷齪《あくせく》するものは大事ならず、よろしく大事業経営の方針をとるべし。

一、一たび着手せし事業は必ず成功せしめざるべからず。

一、断じて投機的な事業を企つるなかれ。

一、国家的観念をもってすべての経営事業にあたるべし。

一、奉公至誠の念にすべて寸時もこれを離るべからず。
一、勤倹身を持し、慈善人にまつべし。
一、よく人材技能を鑑別し、すべからく適材を適所に配すべし。
一、部下を優遇するにつとめ、事業上の利益は、なるべく多くを分与すべし。
一、創業は大胆に、守成は小心たれ。樽《たる》より掬《く》む水にまして、洩《も》る水に留意すべし。

やはり、それぞれに、事業を進めていくにあたって守るべき基本の事柄が、はっきりと定められているのが分かります。これは、今日活躍している会社も同じことなのです。そのいくつかを見てみましょう。

株式会社電通の電通鬼十則

一、仕事は自ら、「創る」べきで、与えられるべきではない。

二、仕事とは、先手先手と「働き掛け」受身でやるべきではない。

三、「大きい仕事」と取り組め。小さい仕事は己を小さくする。

四、「難しい仕事」をねらえ。それを成し遂げるところに進歩がある。

五、取組んだら「放すな」。殺されても放すな。

六、周囲を「引きずり廻せ」。引きずるのと引きずられるのとでは長い間に天地の開きが出来る。

七、「計画」をもて。長期の計画をもっておれば、忍耐と工夫と正しい努力と希望が生まれる。

八、「自信」をもて。自信がないから君の仕事は迫力も粘りも厚みすらない。

九、頭は常に「全回転」。八方に気を配って一分のすきがあってはならぬ。サービスとはそのようなものだ。

十、「摩擦を怖れるな」。摩擦は進歩の母、積極の肥料だ。でないと、君は卑屈未練になる。

朝日新聞社の朝日新聞綱領

一、不偏不党の地に立って言論の自由を貫き、民主国家の完成と世界平和の確立に寄与す。

一、正義人道に基づいて国民の幸福に献身し、一切の不法と暴力を排して腐敗と闘う。
一、真実を公正敏速に報道し、評論は進歩的精神を持してその中正を期す。
一、常に寛容の心を忘れず、品位と責任を重んじ清新にして重厚の風をたっとぶ。

鐘紡株式会社の基本理念

一、愛と正義の人道主義
(生命と人格を最高の価値とする経営)
二、科学的合理主義

（真実と真理に基づく経営）

三、社会国家への奉仕

（良品安価生産を通じて消費者への奉仕と、事業を通じて社会国家繁栄に貢献する経営）

松下電器の綱領

産業人タルノ本分ニ徹シ社会生活ノ改善ト向上ヲ図リ　世界文化ノ進展ニ寄与センコトヲ期ス

松下電器の信条

向上発展ハ各員ノ和親協力ヲ得ルニ非ザレバ得難シ　各員至誠ヲ旨トシ一致団結社務ニ服スルコト

松下電器の遵奉すべき精神

一、産業報国の精神
産業報国は当社綱領に示す処にして我等産業人たるものは本精神を第一義とせざるべからず。

一、公明正大の精神
公明正大は人間処世の大本にして如何に学識才能を有するも此の精神なきものは以て範とするに足らず。

一、和親一致の精神
和親一致は既に当社信条に掲ぐる処個々に如何なる優秀の人材を聚《あつ》むるも此の精神に欠くるあらば所謂《いわゆる》烏合《うごう》の衆にして何等の力なし。

一、力闘向上の精神

我等使命の達成には徹底的力闘こそ唯一の要諦にして真の平和も向上も此の精神なくては贏《か》ち得られざるべし。

一、礼節謙譲の精神

人にして礼節を紊《みだ》り謙譲の心なくんば社会の秩序は整はざるべし正しき礼儀と謙譲の徳の存する処社会を情操的に美化せしめ以て潤ひある人生を現出し得るものなり。

一、順応同化の精神

進歩発達は自然の摂理に順応同化するにあらざれば得難し社会の大勢に即せず人為に偏する如きにては決して成功は望み得ざるべし。

一、感謝報恩の精神

感謝報恩の念は吾人に無限の悦びと活力を与ふるものにして此の念深きところ如何なる艱難《かんなん》をも克服するを得真の幸福を招来する根源となるものなり。

さらに松下電器には基本内規というものがありますが、その中の一つにつぎのような一文があります。

松下電器ガ将来如何ニ大ヲナストモ常ニ一商人タルノ観念ヲ忘レズ従業員マタソノ店員タル事ヲ自覚シテ質実謙譲ヲ旨トシテ業務ニ処スルコト（基本内規第十五条）

いろいろの会社の社是、社訓といったものを見てきました。もちろん、わが国には無数の会社がありますから、ほかにももっと立派な社訓をいろいろあげることができると思います。ここにあげた社是、社訓はほんの一例にすぎません。そういった会社でも、初めはみな小規模なところばかりだったと思います。けれども、五人、十人しかいないような小さなお店でも、ここにあげたような社是、店訓を定めて、それにもとづいてひたすら励んできたことにより、一歩一歩栄え、発展してきたのだと思います。そのお店、会社自体の繁栄もさることながら、それが社会の繁栄にも結びついてきたといえるのではないでしょうか。

そういうことを考えてみると、私は、いかに社是、社訓といったものが必要であり、大切であるかということが、よく分かると思うのです。

十人なら十人で営んでいるお店で、そういった店訓なしで仕事を進めているところがあるとするなら、そのお店はあまり栄えていかないと思います。それに比べて、十人の半分の五人で営んでいるお店でも、店訓をはっきりと定めて歩んでいるところは、しだいに栄えていくと思うのです。

日本全国のいろいろな町で、規模の大小を問わず、古くから商売を続けているようなお店は、みな古くから伝わる家訓、店訓をもっているのではないでしょうか。

ただ、ここで大事なことがあります。それは何かといいますと、社是、店訓をいったんつくったならば、店主自身がそれに従わなければならないということです。ご主人が店訓をつくる場合があります。しかし、店主が自分でつくったものであっても、店員は守らなければならないが自分は守らなくてもよい、ということは許されません。店主が率先して誠実に守らなければならないと思うのです。そうすれば、お店は逐次繁栄していくでしょう。

以上、世の中に数多くの経営体がありますけれども、このように、社是、店訓をキチンと定め、それに店主、経営者がみずから従っているという姿がとられているかいないかが、非常に大事な問題ではないかと思います。

つぎにひと言、つけ加えたいことがあります。それは、ここにあげた社是や社訓は、それらの会社の定款ではないということです。定款は別にあるのです。その定款をどう生かして成果をあげていくかということが、これらの社是、社訓だと思います。会社の定款というものは、国でいうなら憲法でしょう。ですから、会社や商店には、定款のほかに、定款を生かしていくための社是、社訓があるわけです。

国について見れば、憲法はいわば定款です。会社経営における定款と同じようなものが、国家経営における憲法だと思います。ですから、国としても、国の定款、いわゆる憲法のほかに、その憲法をいかに守り、生かしていくかという国の社是、社訓、つまり国是、国訓といったようなものが必要ではないかと思うのです。

しかし、その国是、国訓にあたるものが、今の日本にはないといったところから、国内外の各面において、いろいろと調和を欠いた姿、混迷の姿、百家争鳴といった姿を現わす原因の一つが生まれているのではないでしょうか。いかにすぐれた、立派な定款があっても、栄える会社もあれば栄えない会社もあります。それは国の場合でも同じだと思うのです。ですから、こういったことは、政治に携わる人はもちろん、われわれ国民としても、心して考えなければならない問題ではないかと思います。

あとがき

いろいろ商売のこと、経営のことなどについて述べましたが、こういったことは、ただ単に頭の中だけで理解しても、実際にはなかなか生かされにくいものだと思います。大切なことは、お互いの日々の商売の上において、また経営の上において、現実の諸問題に対処しつつ、みずから〝これだ〟と学び取ることではないかと思うのです。

「経営のコツここなりと、気づいた価値は百万両」。この言葉は、ずっと昔、昭和九年のお正月に、私が松下電器の店員へのお年玉として贈ったものです。商売の上でも同じことで、商売のコツがここにある、そう気づき、悟るということができたなら、その価値は百万両、いやそれ以上の価値があるのではないでしょうか。そのような感じがするのです。

なお、ここで述べてきたことの多くは、時代を超えたいわゆる商売の通念というものです。しかし今日は民主主義の時代であり、価値観も昔とは変わっています。ですから、ここに書いてあることをこのまま直訳するのではなく、新しい時代に即応した創意なり工夫といったものが当然必要になってきます。

すなわち、今日、商売を進めていく上で大事なことは、ここで述べた事柄を常に心の底に働かせつつ、近代的な感覚で価値判断をしていくことだと、そのように思うのです。

この作品は、一九七三年二月にＰＨＰ研究所より刊行された。

ＰＨＰ文庫　商売心得帖

2001年５月15日　第１版第１刷
2025年１月13日　第１版第28刷

著　者　松下幸之助
発行者　永田貴之
発行所　株式会社ＰＨＰ研究所
東京本部　〒135-8137 江東区豊洲5-6-52
ビジネス・教養出版部　☎03-3520-9617（編集）
普及部　☎03-3520-9630（販売）
京都本部　〒601-8411 京都市南区西九条北ノ内町11
PHP INTERFACE　https://www.php.co.jp/
制作協力
組　版　株式会社PHPエディターズ・グループ
印刷所
製本所　TOPPANクロレ株式会社

© PHP Research Institute, Inc. 2001 Printed in Japan ISBN4-569-57557-9
※本書の無断複製（コピー・スキャン・デジタル化等）は著作権法で認められた場合を除き、禁じられています。また、本書を代行業者等に依頼してスキャンやデジタル化することは、いかなる場合でも認められておりません。
※落丁・乱丁本の場合は弊社制作管理部（☎03-3520-9626）へご連絡下さい。送料弊社負担にてお取り替えいたします。

松下幸之助「心得帖」シリーズ

経営心得帖

年々激しく変化する経営環境のなかで、日々の経営、商売、ビジネスはどうあればよいのか？「経営の達人」が説く、経営の機微と真髄。

社員心得帖

厳しい企業環境のなか、いま社員の質が問われている。自らを高めるためになすべき事、考えるべき事とは？ 体験豊かな著者が切々と説く。

人生心得帖

著者の長年の体験と鋭い洞察から生み出された「人生の知恵」。生きる指針が見失われがちな現代に贈る、日々の過ごし方、生きがいの見つけ方。

実践経営哲学

幾多の苦境・成功の体験からつかんだ著者ならではの経営観、経営理念。混迷が続く今日、経営の原点とは何かを、全ビジネスマンに問う。

経営のコツここなりと気づいた価値は百万両

経営者が自身の質を問われる今日、どのように商売や経営をとらえるべきか。長年の事業体験を通して商売、経営のコツを披瀝した二十七話。